Pascal Deloche
Philippe Granjon

Médecins de l'Impossible

Panique au Rwanda

Sous la direction médicale
du docteur Alain Deloche

HACHETTE
Jeunesse

Série *Médecins de l'Impossible* dans la Bibliothèque Verte

Zone interdite en Bosnie
Clandestins chez les Touaregs
S.O.S. Guatemala
Eaux troubles à Bangkok
Piège mortel au Viêt-nam
Coup de théâtre en Afrique du Sud
Panique au Rwanda

24, boulevard Saint-Michel, 75006 Paris.

Préface

Il n'est plus possible de l'ignorer. Le malheur — famine, guerre, épidémie — fait chaque jour des milliers de victimes innocentes. Leur seul tort : être nées dans des contrées moins favorisées que la nôtre, à seulement quelques heures d'avion. Cette injustice du lieu de naissance, je la connais bien pour l'avoir combattue depuis plus de vingt ans, d'abord à Médecins Sans Frontières, puis à Médecins du Monde. Parmi les premiers, j'ai accepté de partir bénévolement, renonçant à mes vacances, pour aller soulager ceux qui souffrent : enfants, adultes, vieillards... Ceux que l'on appelle désormais les « French doctors » sont des milliers à parcourir la planète en tous sens pour porter secours à ceux qui ont faim, qui ont mal, et dont la vie est en danger. Médecins, infirmiers, logisticiens ou reporters, ils partent pour soigner, mais aussi pour dénoncer l'inacceptable. Dans les médias, ils incarnent les aventuriers d'aujourd'hui.

Ludovic et Prune, les héros de la série « Médecins de l'Impossible », sont à l'image de ces femmes et de ces hommes, souvent jeunes, qui acceptent de quitter leur confort, leur famille, leurs amis, leur métier... pour un mois, deux mois ou parfois plus. Leur vie et leur caractère ont été construits à partir de personnages réels. Car les deux auteurs, Pascal Deloche et Philippe Granjon, connaissent bien le milieu humanitaire.

Reporters, travaillant bénévolement pour le magazine de Médecins du Monde, ils nous ont suivis sur la plupart de nos missions, pour témoigner de nos actions et du malheur qui frappe aux quatre coins du monde. A la fois journalistes et humanitaires, ils étaient les mieux placés pour entreprendre « Médecins de l'Impossible ». Chaque roman se nourrit d'une réalité qu'ils ont côtoyée.

De la jungle du Guatemala au désert touareg, des bas-fonds de Bangkok aux oubliés du Viêt-nam, « Médecins de l'Impossible » va vous faire voyager, découvrir d'autres peuples, comprendre d'autres cultures, mais aussi prendre conscience de nombreuses injustices...

Peut-être même cette série suscitera-t-elle des vocations chez certains d'entre vous qui viendront, dans quelques années, prendre le relais des « French doctors » d'aujourd'hui.

Bonne lecture!

Professeur Alain Deloche
Chirurgien cardio-vasculaire
Président d'honneur
de Médecins du Monde

AFRIQUE

Pour mieux suivre
Ludo et Prune...

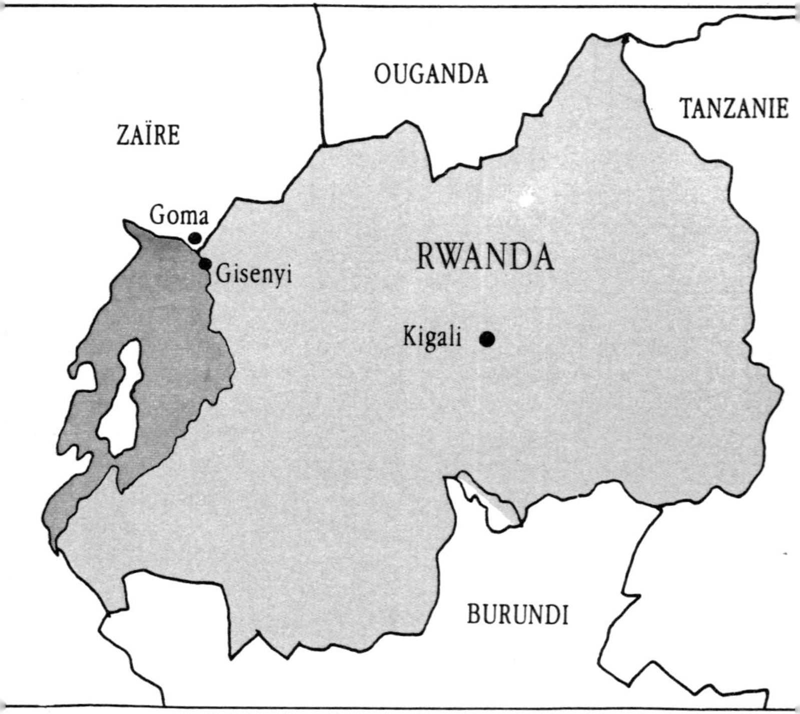

RWANDA

Pour mieux suivre Ludo et Prune...

1

Le secret des enfants

Essoufflée, les épaules sciées pour avoir supporté l'une après l'autre son lourd sac photo, Prune arriva enfin au sommet du promontoire. Elle s'assit sur une grosse pierre plate et reprit son souffle.

De là-haut, elle avait une vue imprenable sur le camp de Mugunga. La masse des réfugiés rwandais faisait l'effet d'une fourmilière géante s'agitant en vain sur cette carapace de lave noire, totalement désertique. Les misérables abris de branchages recouverts par les toiles bleues du HCR[1] formaient un fouillis inextricable. Un halo de poussière noire, volcanique, donnait au tout une allure quasi lunaire.

Prune vissa un objectif 50 mm sur son Pentax et prit une série de clichés. Malgré l'éloignement, elle apercevait distinctement les grappes humaines qui formaient d'interminables files d'attente autour des tanks à eau. Ces imposants réservoirs en métal, de couleur kaki, étaient ravitaillés par les camions-citernes zaïrois. Avec leurs canalisations hérissées de robinets distribuant l'eau sur plusieurs dizaines de mètres, ils

1. Haut Commissariat aux réfugiés des Nations unies.

ressemblaient à d'énormes pieuvres dans l'attente d'une proie.

Un million de litres d'eau du lac Kivu, à 15 km de là, était ainsi purifiée et transportée chaque jour dans les différents camps de la région. Un véritable tour de force, hélas ! bien insuffisant pour satisfaire les besoins des réfugiés. Au terme d'un exode dramatique, près d'un million de Rwandais avaient trouvé refuge à Goma, au Zaïre, au cœur de l'Afrique noire. Ils avaient tout abandonné pour fuir la guerre civile qui ravageait leur pays.

Tout à coup, Prune sursauta. Elle avait entendu un froissement d'herbe, juste derrière elle. Un homme ? Une bête ?

Elle se retourna :

« Il y a quelqu'un ? »

Pas de réponse. La jeune fille scruta les blocs de lave imbriqués les uns aux autres. Rien... Elle finit par deviner, tapie entre deux rochers, une forme humaine qui l'observait :

« Qui êtes-vous ?... Sortez ! »

A vrai dire, elle avait plutôt envie de prendre ses jambes à son cou. Elle se rappelait, un peu tard, les recommandations de Christian, le logisticien d'Urgence Médicale Internationale, présent lui aussi à Goma : « Ne t'éloigne pas du camp. Les militaires du FAR (Forces Armées Rwandaises) sont très nerveux en ce moment, ils n'aiment pas les étrangers. Un accident est très vite arrivé... »

Mais, comme d'habitude, elle n'en avait fait qu'à sa tête.

Lentement, une tête sombre coiffée d'une casquette rouge émergea. Prune se leva, prête à fuir. Deux yeux noirs, ronds comme des billes, étaient fixés sur le Pentax qui pendait au cou de la jeune fille.

« Je suis photographe... *umufotozi* », traduisit-elle maladroitement.

A ces mots, le jeune garçon sortit complètement. Agé d'une dizaine d'années, il portait un T-shirt bleu ciel, sale et déchiré, sous lequel dépassaient deux longues jambes, maigres, griffées. Prune constata qu'il avait bien plus d'appréhension qu'elle. Ses narines étaient dilatées de peur, ses lèvres pincées. Il tremblait de la tête aux pieds. D'un geste de la main, la jeune fille l'invita à la rejoindre.

Elle s'assit de nouveau, faisant signe à l'enfant de prendre place à côté d'elle. Méfiant, il préféra rester debout, à quelques mètres.

« Tu t'appelles comment ? Moi, c'est Prune.

— Euh... Phinéas, finit par répondre le garçon.

— Et qu'est-ce que tu fais là ? »

La tête baissée, comme pris en faute, le jeune garçon tendit timidement une petite touffe de plantes aux feuilles palmées. Puis, immédiatement après, il les dissimula à nouveau derrière son dos.

« Tu ne veux pas me les montrer ? »

Pas de réponse. Ses yeux noirs fuyaient ceux de Prune.

« C'est pour faire la cuisine ? »

Phinéas pouffa :

« Mais non, c'est pour Augustine ! »

La remarque saugrenue de Prune semblait l'avoir un peu détendu.

« Ah bon, et que fait Augustine ?

— Elle soigne. »

Augustine était sans doute une guérisseuse traditionnelle utilisant des plantes. Voilà qui intéressait

Prune. Dès son retour à Paris, la jeune et talentueuse photographe devait participer à une exposition sur la vie quotidienne dans les camps de réfugiés rwandais. Sillonnant Goma depuis déjà huit jours, elle n'avait pas encore eu l'opportunité de photographier le travail d'un guérisseur... Mais il fallait d'abord gagner la confiance de Phinéas.

Le garçon lui en donna l'occasion. Depuis un petit moment, il fixait le visage de Prune de ses deux yeux sombres et étonnés.

« Qu'est-ce qui t'intrigue ? murmura-t-elle... Attends, je vais deviner. Mes cheveux ? Ils sont auburn, entre le brun et le roux. »

Le garçon fit non de la tête, sans détacher ses yeux de Prune.

« Alors ce sont peut-être mes taches de rousseur ? »

Nouveau hochement négatif.

« Je crois savoir... Ce sont mes yeux. Approche-toi. »

Elle lui tendit la main :

« Regarde, ils sont vairons, bleu à droite, vert à gauche. C'est assez rare.

— J'aime beaucoup, déclara Phinéas, plus en confiance.

— Toi aussi tu es mignon tout plein. J'ai bien envie de faire une photo de toi pour te la donner...

— Ah oui ! »

Aussitôt, le garçon se figea au garde-à-vous, l'air sérieux et fier.

« Mais non, pas comme ça, plus naturel ! »

Pour le faire rire, Prune fit des grimaces. Elle s'amusa à le photographier sous plusieurs angles, en prenant parfois des poses grotesques... Tant et si bien, qu'à la fin de la séance de photos, la glace était totalement rompue.

« Bon, et maintenant, Phinéas, tu m'emmènes voir Augustine ? demanda la jeune fille en rabattant, d'un geste amical, la visière de la casquette de l'enfant. J'aimerais beaucoup faire des photos d'elle aussi.

— Elle ne veut pas voir de grands.

— De grands... comment ça ?

— Eh bien, de grandes personnes, quoi, comme toi.

— Attends, quel âge a Augustine ?

— Treize ans.

— Et elle sait soigner ? fit Prune, de plus en plus curieuse.

— Oui, son papa lui a appris.

— Il n'est pas avec vous ?

— Non. Il a disparu dans la guerre. On est seuls. »

Tout en parlant, Prune tripotait le sélecteur de vitesses de son appareil, ce qui semblait fasciner Phinéas.

« Les grands sont trop méchants, poursuivit-il. Ils ont tué mon papa et ma maman. Alors... »

A ces mots, les yeux de l'enfant s'étaient embués. Il baissa la tête pour dissimuler son émotion derrière la visière de sa casquette. Prune vit cependant deux grosses larmes rouler sur son visage gris de poussière.

Désemparée, elle l'attira et le prit contre elle en lui caressant la joue. L'enfant se raidit.

« N'aies pas peur. Je ne te veux aucun mal. »

Phinéas hocha la tête et essuya ses pleurs avec la manche de son T-shirt.

« Je sais, tu as dû voir des choses terribles », ajouta Prune d'un ton grave.

En quatre mois, la population rwandaise avait été décimée par une guerre fratricide, opposant les soldats du FAR (Forces Armées Rwandaises) d'origine hutue, à ceux du FPR (Front Patriotique Rwandais) d'origine tutsie. Comme toujours, les populations civiles avaient été les premières victimes : plus de 700 000 Rwandais avaient été massacrés, dont un tiers d'enfants.

Phinéas s'était blotti contre l'épaule de la jeune reporter :

« Moi je voudrais bien que tu viennes, mais Augustine m'a interdit...

— Laisse-moi au moins la voir pour lui expliquer.

— Elle ne va pas être contente du tout.

— Je te promets, je lui dirai que tu n'y es pour rien. »

Phinéas finit par se laisser convaincre. Il cala sa petite main sombre dans celle de Prune et l'entraîna de l'autre côté de la colline, là où la végétation devenait plus dense.

« Mais, dis-moi, fit Prune, on tourne le dos au camp ?

— Oui, on va là-bas dans la forêt, loin des grands. »

Après une heure de marche difficile à travers de hautes herbes jaunies par le soleil, Phinéas fit soudain signe à Prune de se taire. L'enfant, qui n'avait pas arrêté de poser des questions à sa nouvelle amie sur la vie en France, porta un doigt à ses lèvres.

« On arrive bientôt », chuchota-t-il.

A cet endroit commençait la forêt. Prune ne put s'empêcher de laisser échapper un sifflement admiratif. De superbes flamboyants dominaient un épais tapis de végétation tropicale. Buissons, lianes et bois morts s'entrelaçaient dans la plus grande confusion. La progression n'en devint que plus difficile. Il était impossible d'y voir à plus de 10 mètres. Heureusement, Phinéas connaissait le chemin comme sa poche.

« Cache-toi là, chuchota-t-il soudain. Je vais parler à Augustine. »

Prune se dissimula derrière un buisson épineux, aussi haut qu'elle. A travers les feuilles, elle aperçut une petite clairière. Au centre, un jeune adolescent était penché sur le bras d'un enfant qui avait l'air de souffrir. Autour d'eux, assis sur leurs talons en arc de cercle, une trentaine d'enfants dépenaillés observaient en silence.

« Ah, Phinéas, tu as mes herbes? » entendit Prune malgré la distance.

L'enfant lui tendit le fruit de sa cueillette.

« C'est bien, ça. Je savais que je pouvais compter sur toi. »

« Ce doit être Augustine », songea Prune.

L'adolescent en question était donc une adolescente. De loin, la photographe s'était laissée abuser par ses cheveux crépus coupés à ras et son T-shirt unisexe.

La jeune guérisseuse se mit à piler les feuilles sur une pierre plate, à l'aide d'un morceau de bois arrondi. Malgré ses gestes précis, rapides, l'opération prit au moins cinq minutes. Pendant ce temps, Prune détaillait la clairière. Tout au fond, sur la gauche, à la lisière de la forêt, elle remarqua un foyer éteint et une vieille marmite, ainsi que plusieurs taches grises sur l'herbe.

« Des couvertures », pensa-t-elle en reportant son regard sur les enfants.

L'air à bout de force, ils n'avaient plus que la peau sur les os. Certains se tenaient le ventre, d'autres étaient prostrés, le regard dans le vague, d'autres encore, le teint gris, grelottaient de froid malgré les couvertures dont ils s'étaient entourés...

L'adolescente prit la mixture verdâtre obtenue entre le pouce et l'index et l'étala avec beaucoup de délicatesse sur l'épaule du jeune Africain assis devant elle. Après avoir poussé un gémissement, celui-ci se mordit les lèvres en grimaçant. Il regardait faire Augustine avec une confiance éperdue.

De là où elle était, Prune ne voyait pas bien. En se haussant sur la pointe des pieds et en se penchant à droite, elle devina une blessure infectée, sans doute ancienne de plusieurs jours... Mal lui en prit! Déséquilibrée par son sac, la photographe bascula en avant, dans le buisson. Elle évita tout juste de s'étaler en agrippant quelques feuilles, dont les branches épineuses la griffèrent.

Surpris par le bruit, les enfants levèrent les yeux et s'enfuirent en voyant la tête de Prune jaillir du buisson. Tous, sauf Phinéas.

« Ah c'est malin ! s'exclama-t-il.

— Je suis vraiment désolée, murmura la jeune fille. J'ai perdu l'équilibre... et je me suis griffée », ajouta-t-elle en contemplant les fines traces ensanglantées qui s'étaient formées sur ses avant-bras.

En fait, la jeune fille avait plutôt envie d'éclater de rire en pensant au ridicule de la scène. Mais elle se retint devant la mine décomposée du garçon.

« Augustine ne me pardonnera jamais.

— Mais si, je vais lui expliquer.

— Je préfère lui dire, moi. »

Phinéas tourna les talons pour rattraper ses amis, dispersés dans l'épaisse végétation.

Restée seule au milieu de la petite clairière, Prune s'accroupit. La jeune fille prit machinalement le reste de la mixture verdâtre entre ses doigts. Elle pensait au destin tragique de ces enfants. Que faisaient-ils ici loin du camp? Où étaient leurs parents?... Elle n'eut pas le temps de s'apitoyer longtemps. Un bruissement de feuilles attira son attention. Augustine revenait, suivie d'un Phinéas plutôt penaud.

« Ton ami n'y est pour rien, prévint Prune en se redressant. J'ai insisté...

— Il n'aurait jamais dû. C'était interdit. »

Augustine s'était arrêtée à quelques mètres. Les bras croisés dans une attitude volontaire, elle affichait un air de garçon manqué.

« Elle se donne l'air d'un vrai petit chef », se dit Prune, qui n'arrivait pas à croire à ce personnage. Peut-être à cause de la douceur de son visage, ou de la grâce très féminine de ses grands yeux noirs soulignés par d'immenses cils bruns.

« Il ne faut pas lui en vouloir, reprit Prune. C'est de ma faute et...

— Elle voulait juste te prendre en photo, coupa Phinéas, resté en retrait.

— Pas de photo ici ! »

Augustine s'était reculée d'un pas, prête à s'enfuir.

Prune saisit une lueur de panique dans son regard.

« Je prépare une exposition de photos pour présenter aux Français le travail des organisations humanitaires et la vie quotidienne des réfugiés rwandais.

— Je ne veux pas qu'on nous voie. C'est secret. On n'a plus besoin des grands. Ils ne sont capables que de se battre entre eux », ajouta l'adolescente d'un ton amer.

Tout autour, Prune sentait les buissons s'animer. Les autres enfants, de retour, étaient sûrement en train de l'observer à travers les feuilles.

« Avec mes clichés, je pourrais... »

En parlant, Prune saisit son boîtier et le porta à son œil.

« Non ! »

Augustine semblait vraiment affolée à l'idée d'être prise en photo. Phinéas s'approcha pour prendre la main de son amie. Prune préféra ne pas insister :

« Ça va, promis, pas de photo... Mais que faites-vous ici, loin du camp ?

— Euh... Rien... On se retrouve ici. C'est tout, répondit Augustine, d'une voix très évasive.

— Tout à l'heure, en vous observant derrière le buisson, j'ai vu des enfants très maigres, qui semblaient à bout de force. Ils sont sûrement malades.

— Augustine sait soigner, elle connaît les herbes », dit Phinéas.

L'adolescente lâcha brusquement la main de son protégé.

« Vous êtes docteur ? » lança-t-elle à l'adresse de Prune.

L'espace d'un instant, Augustine venait d'apparaître dans toute sa fragilité d'enfant, dépassée par ses responsabilités.

« Non, mais je travaille avec des médecins d'une organisation humanitaire française, l'UMI. »

Déjà, l'adolescente s'était ressaisie. Les traits de son visage se durcirent à nouveau.

« Qu'importe ! Je ne veux pas les voir. »

Prune enchaîna :

« Et tes amis ? Ils ont l'air malade. Ils sont très faibles. Certains souffrent peut-être de la maladie qui fait tant de victimes dans le camp de Mugunga. »

Phinéas haussa les épaules :

« Impossible. Comment on l'aurait attrapée ? On n'a pas vu d'adulte depuis deux semaines.

— Comment ça ? demanda Prune, surprise.

— Oui, personne ne vient ici. Nous sommes seuls, ajouta Augustine.

— Attends ! Tu es en train de me dire que vous vivez ici tous seuls ?

— Oui, c'est comme ça. »

Prune n'en revenait pas. Elle cherchait ses mots.

« C'est de la folie... Et la nourriture ? Et l'eau ?

— On se débrouille et puis on a Augustine », répliqua Phinéas, qui vouait apparemment une admiration sans borne à son amie.

Prune s'approcha. Face à elle, l'adolescente, les yeux baissés, semblait tout à fait consciente de ses limites.

La jeune Française réfléchit. Forcer les enfants à rejoindre le camp ne servirait à rien. Ils s'enfuiraient une fois de plus. En revanche, il était urgent de les convaincre de se faire soigner.

« Des médecins français de l'UMI vont arriver demain, avec des médicaments. Je viendrai vous voir avec l'un d'eux dans deux jours. J'ai bien repéré le chemin.

— Mais...

— Je te promets, Augustine, coupa Prune en lui posant une main sur l'épaule, je n'en parlerai à personne d'autre, mais tes amis doivent voir un docteur. »

Poussée dans ses retranchements, l'adolescente n'avait plus le cœur de la contredire. Prune lui effleura la joue, affectueusement.

« Mais pourquoi as-tu si peur des adultes ?

— Je ne peux pas te dire. C'est un secret. »

2
L'UMI en effervescence

Ludovic Delcourt slalomait entre les cartons, brandissant *Le Monde*.

« Tu as vu, on dit que l'épidémie de dysenterie à Goma touche déjà plusieurs dizaines de milliers de réfugiés !

— Fais voir ! »

Valentin Rivière posa le carton qu'il tenait entre les mains pour se saisir du quotidien et parcourir la Une. Tout autour régnait une agitation fébrile. Des dizaines de bénévoles traversaient l'entrée du siège de l'UMI, à Paris, portant des cartons vers un immense camion garé en double file dans la rue Brochant.

« Tu sais, pour moi, on est en train d'assister à la plus grande catastrophe humanitaire de ce siècle », dit Valentin.

Cet éminent chirurgien à la retraite savait de quoi il parlait. En dépit de ses airs de notable distingué et de ses cheveux blancs, il partait régulièrement en mission pour l'UMI depuis des années.

« Tu te rends compte, insista-t-il, un Rwandais sur sept tué en cinq mois de guerre civile ! Ensuite, cet exode de plus de trois millions de personnes, soit la moitié de la population encore en vie ! Et pour finir, une épidémie de choléra, puis de dysenterie, qui décime le million de réfugiés massés dans la cuvette de Goma. C'est l'enfer sur terre ! »

Ludo écoutait, accoudé à une pile de malles métalliques bleues, frappées du logo de l'UMI. Le jeune pédiatre partageait l'indignation de Valentin. Mais devant ce personnage qu'il admirait depuis longtemps, il avait toujours tendance à rester en retrait.

« Tu as des nouvelles de Prune ? demanda le chirurgien.

— Non, pas depuis qu'elle est partie. Mais vu la situation, j'aimerais bien en avoir. Elle a toujours l'art de fourrer son nez où il ne faut pas.

— Dis plutôt que tu es inquiet... »

Laissant sa phrase en suspens, Valentin s'effaça pour laisser passer un petit homme tout rond qui soufflait comme un phoque. L'étrange individu portait un paquet de pieds en aluminium destinés à suspendre les poches de sérum.

« Qui c'est celui-là ? fit Ludo, étonné.

— Daniel, l'un des médecins qui part ce soir à Goma.

— Jamais vu.

— Moi non plus. Pour trouver vingt et un bénévoles prêts à partir au pied levé, il a fallu sortir du petit groupe de fidèles !

— Ce n'est pas tous les jours que l'UMI affrète spécialement un avion ! s'exclama Ludo, en secouant le journal qu'il tenait toujours à la main.

— C'est même la première fois. »

Les deux amis durent à nouveau s'effacer pour laisser passer un jeune homme brun chargé d'un colis particulièrement volumineux. Au passage, il décocha un large sourire au pédiatre, qui devait avoir approximativement le même âge que lui. Ses immenses yeux noisette avaient gardé une douceur presque enfantine.

« Lui, c'est Yannick, notre nouveau logisticien, expliqua Valentin. Il va prêter main-forte sur place à Christian. C'est sa première mission à l'étranger.

— Il n'a pas choisi la plus facile, remarqua Ludo... Et toi, tu ne pars pas?

— Non, on n'a pas besoin de chirurgien... Toi non plus, paraît-il.

— Hélas, non, fit le pédiatre, à mon grand regret, mais il faut être raisonnable. Je reviens juste d'Afrique du Sud[1] et je dois absolument travailler un peu. N'oublie pas que je n'ai pas tout à fait terminé mes études. Et j'ai bientôt de nouveaux examens à passer.

— Enfin te voilà! » s'exclama une voix familière dont Ludo se serait bien passé.

Carole Lartigny se hissa sur la pointe des pieds pour embrasser le jeune homme, pas assez démonstratif à son goût. Valentin sourit en observant son manège. Carole était loin d'être insensible au charme, certain, de l'athlétique jeune médecin. Mais celui-ci semblait assez peu goûter la beauté froide de cette blonde aux allures de mannequin, responsable de l'antenne lyonnaise de l'UMI. Son style un peu trop sophistiqué contrastait avec celui de Ludo, les cheveux toujours en bataille, vêtu d'un éternel jean et T-shirt, en été comme en hiver.

« Bon, je vous laisse, fit Valentin en reprenant son carton à bras-le-corps.

— Alors Carole, tout est prêt pour le départ? demanda le pédiatre, faisant l'effort d'engager la conversation.

---

1. Voir *Coup de théâtre en Afrique du Sud*, dans la même série.

— Comme tu vois », dit-elle en montrant fièrement les montagnes de cartons, de caisses et de cantines qui encombraient le couloir et la salle de réunion :

« En tout, 23 tonnes de solutés de réhydratation, d'antibiotiques, un réservoir d'eau et tout le matériel pour installer un hôpital de campagne : tentes, lits de camp...

— Je vois que tu ne manques pas de main-d'œuvre !

— Vingt et un bénévoles partent avec moi à Goma, médecins, infirmiers, logisticiens. On n'avait jamais vu une telle mobilisation à l'UMI. Et je suis responsable de toute la coordination ! »

Carole croyait impressionner Ludo.

« Tu es sûre de pouvoir diriger tout ce monde ? »

La jeune femme faillit se fâcher. Mais elle comprit à temps que Ludo la taquinait.

« Bon, on continue ? fit-elle. Sinon, on n'y arrivera jamais.

— A vos ordres, chef, acquiesça Ludo en se mettant au garde-à-vous... Et pour me faire pardonner, je vais mettre les bouchées doubles. »

Lâchant son journal, il saisit deux gros cartons, les cala contre son torse et se dirigea vers la sortie à grandes enjambées.

« Carole et Ludo sont attendus dans le bureau de Jean-Paul Davranche. »

Amplifiée par le haut-parleur, la voix d'Inès, la secrétaire de l'UMI, couvrit le brouhaha des préparatifs.

Avant de se diriger vers le bureau du fond, Ludo, épuisé, s'essuya le front sur la manche de son T-shirt couvert de poussière. Depuis deux heures, il n'avait pas ménagé ses efforts.

« Tu sais ce que nous veut notre cher Président? demanda-t-il en apercevant Carole en train de pointer sur une liste le matériel embarqué.

— Pas la moindre idée... Je te suis.

— J'espère qu'il n'est rien arrivé à Prune.

— Oh, celle-là, tu ne peux pas l'oublier quelques secondes?

— Ça va, ça va. Tu ne vas pas recommencer. »

Carole avait du mal à dissimuler sa jalousie envers l'intrépide brunette aux yeux vairons, si chère à Ludo.

« Entrez », fit Jean-Paul Davranche d'une voix grave en les voyant arriver.

Le petit homme sec à l'allure méditerranéenne quitta son immense bureau noir encombré de dossiers et de cartes pour s'installer avec eux autour d'une petite table de réunion, au coin de la pièce. Il tenait un papier roulé dans sa main droite.

« Qu'y a-t-il? » demanda Ludo, inquiet.

Le Président le fixa de ses petits yeux bleus perçants :

« Je viens de recevoir ce fax de Goma. Il s'agit de Prune. »

Ludo sursauta :

« Prune! Que se passe-t-il? Qu'est-ce qu'elle a?

— Mais laisse-lui le temps de parler », maugréa Carole.

Davranche déroula le papier :

« Prune est tombée par hasard sur une bande d'enfants livrés à eux-mêmes. Ils vivent loin du camp, sans famille, sans aide d'aucune sorte. Elle ajoute qu'ils sont tous en mauvaise santé.

— Sacrée Prune, soupira Ludo. Ça ne m'étonne pas d'elle!

— J'en prends note, enchaîna sèchement Carole.

Dès notre arrivée, ils seront soignés dans notre dispensaire.

— Ça semble difficile, reprit le Président de l'UMI. D'après Prune, ces enfants vivent à l'écart, traumatisés par ce qu'ils ont vu. Ils ont besoin d'un traitement à part.

— Un traitement de faveur quand il y a des centaines de malades !...

— C'est vrai, Carole, tu as raison. Mais la proposition de Prune me paraît judicieuse : elle suggère qu'on envoie un pédiatre chargé de s'occuper uniquement de ces enfants-là.

— Par exemple, son Ludo chéri », lança Carole, ironique.

Davranche posa une main sur l'avant-bras de la jeune femme :

« Lui ou un autre, qu'importe. Le problème que Prune souligne est bien réel. Je viens de lire un article bouleversant sur les problèmes de ces "enfants non accompagnés"... La présence d'un pédiatre semble vraiment nécessaire. Et tu ne peux pas m'accuser de prendre systématiquement le parti de notre chère photographe.

— De toute façon, il n'y a plus de place.

— Comment ça, plus de place ! intervint Ludo. Une personne de plus ou de moins ne va quand même pas empêcher un avion-cargo de décoller !

— Ce n'est pas une question de poids mais une question d'assurances, répliqua Carole. J'ai le droit d'embarquer 22 personnes, pas une de plus.

— Et vous êtes complets ?

— Vérifie toi-même puisque tu ne me crois pas ! »

Carole mit sous les yeux du jeune pédiatre la liste détaillée de l'équipe médicale.

« On te fait tout à fait confiance, souligna Davranche, conciliant. Il faut simplement trouver une autre solution.

— S'il s'agit de débarquer quelqu'un de mon équipe au dernier moment, pas question.

— Allons, voyons, Carole, tu me connais assez bien pour savoir que, moi Président, jamais une telle chose ne se passera. Je vais négocier avec le transporteur un passager supplémentaire. J'en fais mon affaire... Il reste sûrement un siège pour Ludo, ne serait-ce que dans le cockpit.

— Je tiens juste à vous faire remarquer que je n'ai jamais dit oui, précisa le jeune homme en agitant un doigt. Et désolé de vous décevoir, mais cette fois, il ne faut pas compter sur moi !... Vous trouverez sans difficulté un autre pédiatre.

— Comme ça, à trois heures du départ, ça m'étonnerait, dit Jean-Paul Davranche. Tu sais, Ludo, on a vraiment besoin de toi.

— Mais je dois absolument préparer mes examens. »

Le Président reprit d'une voix posée :

« Écoute, je te demande seulement de partir dix jours à Goma. Le temps pour moi de trouver un autre pédiatre. Et si ça peut t'aider à convaincre ton hôpital, je vais appeler moi-même ton chef de service. Ça te va ?

— Comment veux-tu que je refuse ! O.K., je vais me débrouiller pour partir. De toutes façons, ces enfants sont plus importants que mes examens ! »

Jean-Paul Davranche se leva, aussitôt imité par les autres.

« Bravo. Je savais bien qu'on pouvait compter sur toi. »

Il ouvrit le dossier *Mission Goma* posé sur un bureau, pour y archiver soigneusement le fax envoyé par Prune.

« Mais ne traîne pas. Tu as deux heures pour prendre tes dispositions et préparer tes affaires, sans oublier ton passeport ! »

Ludo avait déjà la main sur la porte du bureau lorsque le Président le rappela.

« J'allais oublier. Dans son fax, Prune demande que tu lui apportes 5 Polaroïds avec 40 films.

— Pour quoi faire ?

— Je ne sais pas, mais elle insiste en disant que c'est très important.

— Il ne manquait plus que ça, soupira Carole. En tout cas, moi, il y a longtemps que j'ai renoncé à essayer de comprendre les lubies de Prune ! »

3

« Bienvenu en enfer ! »

Les serres de l'immense rapace s'étaient refermées sur son pied droit et l'entraînaient vers le précipice.

« Non ! »

Ludovic ouvrit les yeux, le cœur battant la chamade. Il lui fallut quelques instants pour comprendre où il était : dans l'*Illyouchine* affrété spécialement pour Goma. Comme toute l'équipe des bénévoles de l'UMI, il avait dormi allongé sur l'énorme pile de cartons de solutés de réhydratation solidement arrimée au centre de la soute du cargo russe.

« Hé ! »

Le jeune homme sentit une main lui agripper le pied droit... comme dans son cauchemar. Il s'assit, sans sortir de son duvet : Carole lui faisait face, coiffée et maquillée comme pour un dîner mondain. Il enleva les boules Quiès qui lui obstruaient les oreilles.

« Ça fait au moins deux minutes que j'essaie de te réveiller, grand flemmard. »

La jeune femme devait crier pour couvrir le bruit entêtant des turboréacteurs. Conçu pour transporter des marchandises et non des passagers, l'avion-cargo n'était pas isolé phoniquement. D'ailleurs, seuls quelques strapontins étaient disposés le long de l'imposante carlingue. Et aucun hublot à hauteur d'homme ne permettait de voir à l'extérieur.

« Finalement, on dort très bien dans cet *Illyouchine*, bien mieux que dans un avion de ligne, constata Ludo en s'étirant.

— On arrive dans une heure », articula Carole, pour se faire comprendre.

Ludo parcourut du regard l'immense matelas fait de cartons empilés. Autour de lui, les autres bénévoles, emmitouflés dans leurs duvets, profitaient des dernières minutes de répit. Delphine, la jeune infirmière brune qui l'avait déjà accompagné en mission[1], dormait contre lui, recroquevillée sur elle-même en chien de fusil.

« Finalement, il y avait la place de coucher au moins dix personnes en plus ! » s'écria Ludo pour taquiner Carole.

Elle s'éloigna en haussant les épaules. Décidément, le sens de l'humour n'était pas son fort !

Ludo se laissa glisser au pied du monticule de cartons. En guise de toilette, il passa une main dans ses boucles blondes ébouriffées et prit dans son sac un T-shirt propre, mais froissé. Puis il attrapa la Thermos posée sur l'un des strapontins avant de se verser un gobelet de café noir.

« Je vous sers ? proposa-t-il au copilote russe allongé à côté de lui.

— Volontiers, répondit ce dernier avec un accent à couper au couteau.

— Vous connaissez l'aéroport de Goma ? demanda Ludo en lui tendant un gobelet en plastique.

— J'y ai convoyé la semaine dernière des 4 × 4 flam-

---

1. Lire *Piège mortel au Viêt-nam* dans la même série.

bant neufs aux couleurs de l'ONU », précisa l'homme, un géant dont le visage était presque entièrement mangé par une longue barbe poivre et sel.

Disposant de moyens bien plus limités que l'énorme agence internationale, l'UMI avait pour règle de louer ou d'acheter sur place tout ce qui pouvait l'être.

« Il paraît que l'aéroport est saturé, reprit le jeune pédiatre, en s'adossant contre la montagne de cartons.

— Complètement. En quelques semaines, le trafic aérien a été multiplié par dix. Une quarantaine de vols humanitaires se posent chaque jour. Heureusement que l'armée française s'occupe de la tour de contrôle. Malheureusement, les normes de sécurité laissent à désirer... »

Le Russe plongea ses lèvres dans le gobelet de café chaud :

« Ça vous dirait de suivre l'atterrissage depuis la cabine de pilotage ?

— Je n'osais vous le demander, fit Ludo. J'en rêve depuis des années.

— Rejoignez-nous dans une demi-heure. »

Le copilote partit retrouver son collègue dans le museau de l'avion, en contournant les sacs des passagers posés à même le sol, en vrac.

Assis à la place de l'opérateur radio, Ludo n'osait pas bouger, de peur de gêner les deux pilotes dont les yeux étaient rivés sur des dizaines de cadrans éclairés. Leurs doigts pianotaient avec dextérité sur un nombre impressionnant de boutons et de manettes... La moindre erreur pouvait provoquer une chute brutale de l'avion.

Très vite, Ludo oublia la technicité de la cabine pour admirer le point de vue unique dont il disposait à cet endroit. D'autant que l'avion avait amorcé sa descente.

« Le lac Kivu à droite », lui montra le copilote.

A vrai dire, cet immense miroir qui brillait au soleil ressemblait plutôt à une mer intérieure. Ludo n'entrevoyait même pas l'autre rive de cette étendue d'eau grande comme au moins un département français.

« Et sur la rive, c'est Goma », continua le Russe avec lequel le jeune médecin avait sympathisé.

De là-haut, la cité aux immeubles blancs sagement alignés faisait l'effet à Ludo d'une petite ville de province.

« C'est tout?

— Oui. On a du mal à l'imaginer, mais Goma comptait moins de 150 000 habitants avant l'afflux, en quelques jours, du million de réfugiés rwandais.

— Où sont-ils?

— Dans des camps répartis tout autour de la ville, sur des terres désertiques... Tiens, justement, voici celui de Mugunga, près du volcan Nyiragongo. C'est là que vous comptez installer votre dispensaire, je crois.

— C'est exact. »

Ludovic devinait plus qu'il ne voyait la présence de dizaines de milliers d'hommes, de femmes et d'enfants derrière le halo noir qui s'élevait de la plaine.

« Vous avez vu? »

Le copilote pointa une sorte d'immense serpent composé de minuscules taches multicolores.

« On dirait un défilé de fourmis costumées sur une route de miel! s'exclama le jeune Français impressionné.

— En fait, ce sont des réfugiés. Malgré leur épuisement, ils sont des milliers à parcourir chaque jour les

15 kilomètres qui séparent le camp de Goma, pour aller remplir leur jerricane d'eau dans le lac Kivu. »

Ludovic resta songeur quelques instants, passant de l'interminable colonne humaine au bleu argenté du lac.

« Le problème est bien là, finit-il par dire.

— Pourquoi ? demanda le copilote.

— L'eau du lac, certainement infectée, est responsable de la flambée de l'épidémie de dysenterie.

— Descente finale », avertit le pilote, coupant court à la conversation.

La tour de contrôle venait de donner à l'*Illyouchine* autorisation d'atterrir.

« 1 700 pieds[1] », annonça le copilote, soudain très concentré.

Les deux hommes vérifièrent leur check-list avec des questions et des réponses très brèves.

« Train d'atterrissage ?

— Sorti.

— Volets bloqués ?

— Bloqués. »

Le pilote ralentit la puissance des moteurs et poussa devant lui le manche à balai. L'avion accentua sa descente.

« 1 400 pieds... 1 300... 1 200... »

L'aiguille de l'altimètre tournait de plus en plus vite.

Le pilote était en liaison permanente avec la tour de contrôle, à l'écoute des instructions. Maintenant, le long ruban de la piste apparaissait distinctement. L'avion vira sur la gauche et s'aligna bien dans l'axe.

« 250 pieds... 200...

— Vent sud-sud-ouest, 15 nœuds », annonça la tour de contrôle.

---

1. Un pied = 30 cm.

Fasciné et tendu, Ludo retenait sa respiration. L'atterrissage était imminent.

« Mais ils sont fous ! » s'exclama le copilote.

Une dizaine d'enfants venaient d'envahir la piste en son centre.

« Je remets les gaz », avertit le pilote.

La réponse de la tour de contrôle glaça les trois occupants du cockpit :

« Atterrissez, ils vont déguerpir.

— Mais...

— Atterrissez ! »

Obéissant, le pilote abaissa encore un peu le manche à balai. Par précaution, il gardait sa main droite sur la manette des gaz, prêt à redonner toute leur puissance aux moteurs.

La piste n'était plus qu'à quelques dizaines de mètres... et les enfants ne bougeaient toujours pas, bien au centre.

L'accident était inévitable. Ils allaient se faire broyer.

Lorsque le lourd quadriréacteurs rebondit sur l'asphalte, Ludo, livide, ne put s'empêcher de fermer les yeux.

Dans la cabine, personne ne disait mot.

Comme l'avion freinait dans un sifflement assourdissant, le jeune homme rouvrit les yeux. Les enfants se rapprochaient de plus en plus. Ils agitaient les bras. Au dernier moment, ils se jetèrent sur le côté, à quelques mètres des énormes roues, sous les ailes. Le pilote jura en russe et se passa la main dans les cheveux. Il était moins une...

« Prenez le taxiway et rangez-vous à côté de l'Hercule C1301, prévint la tour de contrôle...

— Les gamins sont souvent comme ça ? demanda dans le micro le pilote.

— C'est leur dernier jeu ! La version zaïroise de la roulette russe. C'est à celui qui restera le plus longtemps face au train d'atterrissage de l'avion.

— Vous ne pouvez pas les en empêcher ?

— On a tout essayé ! Menaces, tirs de mitraillette en l'air, chiens... Quelques minutes après, ils sont de retour. La seule solution : boucler tout l'aéroport avec du barbelé. Mais il y en a pour des semaines !

— S'il n'y a pas d'accident d'ici là », grommela le pilote.

Tel un immense aigle aux ailes déployées, l'*Illyouchine* venait de s'immobiliser sur le bord de la piste. Ludo remercia et partit rejoindre le reste de l'équipe, le cœur encore battant. Derrière, le vrombissement indiquait qu'un nouvel avion était déjà sur le point d'atterrir. Le jeu suicidaire des enfants désœuvrés de Goma avait sans doute repris.

L'arrière de la carlingue s'abaissa pour former une rampe de déchargement. Dehors, un ciel blanc par trop de lumière obligea Ludo à plisser ses yeux clairs. Une grande silhouette dégingandée apparut. Malgré le contre-jour, le jeune médecin n'eut aucun mal à reconnaître Christian Roy, célèbre pour la longueur démesurée de ses membres. Même Ludo se sentait un peu petit à ses côtés !

« Bienvenu en enfer », lança le logisticien de l'UMI d'une voix un peu essoufflée.

Pour une fois, Christian n'avait pas l'air de plaisanter. Son visage métis, encore adolescent, et ses grands yeux noirs avaient un air grave qui leur était inhabituel. Présent depuis une semaine à Goma pour préparer l'arrivée de l'équipe et du matériel envoyé par l'UMI, il avait eu le temps de constater l'ampleur du drame.

Le logisticien s'abaissa pour accueillir Delphine dans ses bras. A côté de ce corps tout en longueur, l'infirmière semblait singulièrement petite et boulotte.

Le jeune homme à la peau brune eut à peine le temps d'embrasser Carole et Ludo. Déjà, les nouvelles recrues de l'UMI se pressaient autour de lui, impatientes, et sans doute inquiètes, de savoir ce qui les attendait. Car pour beaucoup, il s'agissait de leur première mission humanitaire.

« L'épidémie de dysenterie est-elle aussi grave que le prétendent les journaux ?

— Où se trouve le camp dont on doit s'occuper ?

— Combien y a-t-il de malades ? »

Assailli de questions, Christian n'avait même pas le temps de répondre.

« Je vais tout vous expliquer quand le matériel sera déchargé... Mais préparez-vous au pire ! »

Un long silence suivit ses propos.

Le ronronnement d'un moteur, tout proche, attira l'attention de Ludo. Un monte-charge jaune s'approchait, entouré par une vingtaine d'Africains à l'allure débonnaire. L'un d'eux, sans doute le responsable, trônait sur la plate-forme de l'élévateur, à l'emplacement habituel des paquets.

« Ah, voilà les Zaïrois que j'ai recrutés pour décharger l'appareil... En fait, je n'ai pas vraiment eu le choix, glissa le logisticien à Ludo. Ils exercent un monopole sur l'aéroport et profitent de l'afflux des organismes internationaux pour pratiquer des tarifs prohibitifs.

— Combien ? demanda Carole qui n'avait pas les oreilles dans ses poches.

— 460 dollars pour 23 tonnes de matériel.

— C'est-à-dire 2 400 francs, dit la jeune femme après un rapide calcul.

— Je sais, c'est énorme dans un pays où le salaire moyen est de quelques dollars par mois. Mais c'était ça ou rien ! »

Connaissant l'intransigeance de sa responsable de mission, Christian commençait déjà à se justifier !

« Et voilà Amadou, celui qui impose de tels tarifs », ajouta-t-il à voix basse.

Le monte-charge n'était plus qu'à quelques mètres. Debout sur la plate-forme, bien campé sur ses jambes un peu écartées, l'Africain se fit déposer directement à la hauteur de la carlingue.

Amadou n'avait pas l'opulence discrète. Tout rond, précédé par un ventre énorme, il devait peser au moins 100 kilos ! Ses petits yeux perçants disparaissaient presque sous son visage envahi de graisse. A son poignet brillait une montre en or, signe incontestable de réussite dans ce pays de misère.

Sans même dire bonjour, le Zaïrois jeta un coup d'œil à l'intérieur de la carlingue.

« Il y a beaucoup plus de chargement que prévu... C'est un problème. »

Sa voix était étonnamment aiguë pour un personnage aussi corpulent.

« Non, il y a 23 tonnes, comme convenu, répondit Christian... C'est bien ça, Carole ?

— Tenez, monsieur, voici le détail du matériel embarqué, avec le poids, fit l'élégante jeune femme d'une voix sèche. Vérifiez si vous voulez. »

Elle lui tendit la feuille de papier.

Amadou la regarda sans se désarçonner :

« Pour tout décharger, ça vous coûtera 1 000 dollars.

— Mais... mais on s'était entendus sur 460. C'est plus du double, bégaya Christian.

— Je sais, mais les prix augmentent vite.

— Comment ça? bondit Carole. On ne double pas les prix au dernier moment!

— Pourquoi pas? répondit-il cyniquement... Mes hommes refusent de travailler pour moins de 1 000 dollars.

— Je vais aller leur parler, fit Ludo.

— Ça non! s'exclama Amadou avant d'ajouter plus calmement. De toute façon, ils ne travailleront pas sans mon accord. C'est 1 000 dollars ou vous vous débrouillez seuls.

— Eh bien, on se passera de vous! »

L'impétueuse Carole arracha la feuille de chargement des mains du Zaïrois.

« Tant pis, ma p'tite dame... et bon courage! » lança ce dernier de sa voix de fausset.

L'Africain fendit le groupe médusé des bénévoles et remonta lentement sur son élévateur. Puis, sans même se retourner vers l'équipe de l'UMI, il fit signe au chauffeur de s'éloigner.

Christian avait assisté à la scène, le visage décomposé.

« Comment va-t-on s'en sortir?

— On va tout décharger nous-mêmes, pardi!

— Carole, je connais et j'admire ton courage, dit Ludovic d'une voix calme. Mais sans monte-charge, on en a pour des heures.

— Des heures? Mais c'est impossible, s'exclama le copilote russe qui venait de s'approcher. Si l'avion n'est pas reparti dans une heure et demie, on va être obligés de vous compter une demi-journée de location en plus.

— Ah, vous n'allez pas vous y mettre vous aussi !

— Carole, calme-toi, c'est sa compagnie qui veut ça, dit Ludo.

— Alors que proposes-tu, monsieur Je-sais-tout ?

— Négocier avec Amadou. On est en Afrique, tout se discute... et tout s'arrange.

— Pas question. On s'y met ! »

Plus têtue que jamais, Carole montra au reste de l'équipe les centaines de cartons à décharger.

« Jamais on n'y arrivera dans les temps », pensa Ludo qui avait toutefois renoncé à discuter.

Finalement, c'était elle la responsable de mission. Résigné, il prit un gros carton à bras-le-corps, pour donner l'exemple.

« Bonjour, la compagnie ! »

Prune sauta d'une Jeep de l'armée française pour se blottir dans les bras de son Ludo préféré.

« Mais qu'est-ce que tu as ? Tu es essoufflé et ton cœur bat au moins à 200. C'est l'émotion des retrouvailles ?

— Non, c'est ça. »

Il montra les quelques dizaines de cartons chargées sur le camion de l'UMI.

« Ça ?

— Oui, tout ce qu'on a descendu en une demi-heure. Et il nous reste seulement une heure pour en décharger dix fois plus !

— A mains nues et sans monte-charge !... Mais qu'est-ce qui vous prend ? »

Prune observait les volontaires de l'UMI : comme des forçats, ils s'épuisaient à descendre les lourds cartons. Ils n'étaient pas au bout de leur peine !

« Discutes-en avec ton amie Carole, répondit Ludo. Tu trouveras peut-être les mots pour la faire changer d'avis. »

Le médecin ne se faisait aucune illusion. Tout opposait Carole et Prune... à commencer par la préférence évidente du jeune homme pour la jolie photographe !

Il résuma rapidement la situation à son amie.

« Attends, j'ai peut-être une solution. »

Prune repartit vers le militaire au béret rouge, resté au volant de la Jeep, et se mit à lui parler avec force gestes pour décrire l'impasse dans laquelle ils se trouvaient. Elle mima tant et si bien la scène que le gradé fut secoué à plusieurs reprises d'un grand éclat de rire.

« La situation est donc si comique que ça ? » se demanda Ludo.

Il venait de rejoindre le reste du groupe pour reprendre ses va-et-vient épuisants.

« Bon, on arrête tout, j'ai LA solution. »

Sûre de son effet, Prune grimpa la rampe de déchargement pour être écoutée de tous.

« Prune ! »

Delphine déposa le long carton qui lui encombrait les bras pour se précipiter vers celle qui était à la fois sa complice, sa confidente et, parfois, sa protectrice.

L'effet sur Carole fut exactement inverse.

« Bravo ! Comme entrée en scène, c'est réussi. Mais tu ferais mieux de venir nous aider !

— Et voilà LA solution », dit Prune, sans prêter attention aux piques de sa collègue.

Un grand gaillard en uniforme kaki venait d'apparaître à ses côtés. Il salua l'assemblée d'un rapide mouvement de tête, à la manière militaire.

« Je me présente, capitaine Jean-Luc Le Fur, des parachutistes français.

— Pour un capitaine, il a l'air bien jeune », se dit Ludo en lui tendant la main.

Avec son corps athlétique, sa mâchoire carrée, ses cheveux blonds coupés en brosse et ses yeux d'un bleu profond, le capitaine ressemblait plutôt à un play-boy en vacances sur la Côte d'Azur.

Les bénévoles de l'UMI profitèrent de l'occasion pour poser leurs lourdes charges et souffler en s'asseyant sur les cartons qui jonchaient la carlingue de l'avion.

Jean-Luc croisa des bras à rendre jaloux plus d'un gymnaste :

« Votre amie m'a expliqué vos démêlés avec les Zaïrois.

— Il y va un peu fort ! murmura Carole, restée en retrait.

— Mes hommes vont vous liquider ça en un rien de temps. Je les ai prévenus. Ils arrivent avec un monte-charge. »

Un « Ah » de satisfaction parcourut la vingtaine de volontaires.

« Vous avez mieux à faire qu'à décharger un avion... Et ça ne me déplaît pas de jouer ce tour à Amadou. Il a un peu trop tendance, ces derniers temps, à profiter de sa situation de monopole pour faire flamber les prix sur le dos des organisations humanitaires ! »

Le Fur parlait d'une voix chaude, enveloppante. A plusieurs reprises, Ludo sentit une pointe de jalousie en surprenant le regard admiratif que Prune posait sur lui. Mais il avait bien d'autres préoccupations pour s'attarder à ce sentiment.

Carole remercia, un peu sèchement, le capitaine.

Puis elle éleva la voix, heureuse de reprendre l'initiative :

« Voici notre programme : un rapide passage par le Q.G.[1] de l'UMI, installé dans la ville de Goma. Là, Christian... et Prune vous expliqueront la situation. Puis nous partirons pour le camp de Mugunga, où nous allons installer notre antenne médicale. »

La plongée dans l'enfer était imminente.

1. Quartier général.

4

Pas de trace des enfants !

« Et eux, qu'est-ce qu'ils attendent? » demanda Ludo.

Une foule impressionnante s'était rassemblée devant une immense tente blanche, frappée du sigle du HCR[1]. Elle était protégée par une rangée de soldats en armes, comme si un trésor s'y trouvait.

« Ils attendent une nouvelle distribution de nourriture, précisa Prune... Des haricots rouges et de la farine de maïs leur ont été donnés ce matin, mais il n'y en avait pas assez pour tout le monde. »

Le jeune pédiatre, sa trousse médicale à la main, s'était arrêté pour observer ces corps décharnés, ces visages creusés, ces regards fatigués. Depuis son arrivée dans le camp, deux heures plus tôt, il en avait vu des centaines, presque tous semblables dans leur détresse et leur misère.

Et encore, ceux-là tenaient debout. Il n'en était pas de même pour ceux qu'il venait de laisser entre les mains des autres bénévoles de l'UMI, à l'emplacement du futur centre de soins.

Sans même attendre que les tentes et les lits de

---

1. Haut Commissariat aux réfugiés de l'ONU.

camp soient installés, médecins et infirmiers s'étaient précipités pour soigner les premiers malades qui, déjà, affluaient. Le bouche à oreille fonctionnait vite. Certains ne tenaient même plus debout, épuisés par la dysenterie qui provoquait des diarrhées terribles et des pertes de sang abondantes.

Ludovic avait aidé à perfuser les premiers. Mais une autre urgence l'attendait : le mystérieux camp d'enfants découvert par Prune.

La jeune photographe s'approcha de son ami et le prit par les épaules. Le regard dans le vide, il semblait abattu. Elle comprenait parfaitement son découragement face à un drame dont l'ampleur dépassait les forces de la petite équipe de l'UMI. Elle avait ressenti, elle aussi, ce sentiment dans les premiers jours de son arrivée. La rencontre avec les enfants abandonnés avait tout à coup donné un sens à sa présence : il fallait les sauver de l'épidémie, avant qu'il ne soit trop tard.

« Viens, leur cachette se trouve assez loin, de l'autre côté du camp. »

Ludo la suivit comme un automate. Pourtant habitué à des missions difficiles, il n'avait jamais été confronté à une telle situation d'urgence. Christian avait raison : Goma, c'était l'enfer sur terre !

Les deux amis mirent une bonne demi-heure à traverser le camp de Mugunga, long d'un bon kilomètre. Un maigre sentier serpentait entre une forêt de « blindés », ces abris de branchages recouverts, pour les plus luxueux, d'une bâche bleue distribuée par le HCR.

La plupart des réfugiés étaient assis sans rien faire, le regard dans le vide.

« Igirayo [1] ! »

---

1. « Place ! »

Prune et Ludovic se rangèrent sur le bord de la piste pour laisser passer un groupe d'enfants lourdement chargés. Ils transportaient sur leur tête des fagots de branchages pour le feu, sans doute ramassés dans la colline vers laquelle se dirigeaient les deux Français.

Plus loin, le jeune homme s'arrêta devant une femme agenouillée, en train d'attiser le feu sur lequel était posé une marmite. Il se pencha : dans le grand récipient en métal, tout cabossé, bouillait une eau saumâtre agrémentée de quelques grains de haricots rouges. Il n'y avait sûrement pas de quoi redonner des forces aux trois enfants amaigris qui entouraient leur mère. Le plus âgé devait avoir douze ans. Il jeta des regards soupçonneux au médecin français, comme s'il gardait un trésor de guerre... Mais la nourriture n'est-elle pas le plus grand des trésors quand on n'a rien dans le ventre ?

Ludovic sourit au garçon et s'éloigna, le cœur serré par tant de misère. Plongé dans la contemplation du camp, il faillit, à plusieurs reprises, perdre l'équilibre en butant contre une aspérité du sol en lave noire, dont le tranchant mordait la semelle en caoutchouc de ses tennis. Il n'avait pas à se plaindre : les réfugiés, eux, marchaient pieds nus...

A plusieurs reprises aussi, il croisa le regard des soldats en treillis qui le fixaient avec une insistance provocatrice.

« Surtout baisse les yeux, le prévint Prune. Ce sont les militaires du FAR, l'ex-armée gouvernementale en déroute. Ils n'apprécient pas du tout les étrangers.

— Pourquoi donc ? On est là pour les soigner.

— Ils nous accusent d'avoir favorisé la victoire des Tutsis, au dépend de leur ethnie hutue, au pouvoir jusque-là...

— Et les réfugiés, comment acceptent-ils leur présence ?

— Ils n'ont pas vraiment le choix ! Les militaires sont armés, organisés et tout-puissants. Ils volent les civils. Mais gare à celui qui proteste : il est retrouvé, le lendemain matin, égorgé d'un coup de machette.

— Où allez-vous comme ça ? »

Absorbés dans leur conversation, Prune et Ludo faillirent buter contre l'énorme masse musculaire qui s'était mise en travers de leur chemin. Un militaire du FAR, justement ! Il était reconnaissable à sa tenue de camouflage vert et marron, et à son béret bleu avec un écusson représentant un arc surmonté d'un aigle.

« Mon ami est médecin, il vient d'arriver. Je vais lui montrer une vue d'ensemble du camp de la colline... si vous nous l'autorisez », fit Prune d'une voix très conciliante.

Le visage triangulaire du soldat, rehaussé par deux pommettes saillantes, se fendit en deux pour laisser apercevoir une double rangée de dents jaunies :

« Et tous ces appareils ? »

Les yeux globuleux du géant louchaient sur le Pentax pendu autour du cou de Prune et sur les objectifs qui émergeaient de son sac entrouvert.

« C'est pour prendre une vue d'ensemble.

— Ça doit valoir beaucoup d'argent !

— Oh, pas tellement, ils sont tout abîmés. »

La jeune fille montra les bosses qui ornaient son matériel, souvenirs de ses nombreuses missions.

Placé juste derrière, Ludovic toisa discrètement le militaire : ce dernier le dépassait d'une tête et devait le faire deux fois en largeur. Il regarda aussi la machette, sorte de sabre fixé à sa ceinture... En cas d'affrontement, il avait bien peu de chance ! Il jeta un coup d'œil autour de lui : ils étaient déjà à la limite du camp et n'avaient aucun secours à attendre des quelques réfugiés revenant de la colline, la tête encombrée de branchages.

« Je travaille pour l'UMI, dit Ludovic. Notre dispensaire s'installe de l'autre côté du camp. Si certains de vos hommes sont malades, lieutenant... euh... »

Vrai ou faux, ce titre ne pouvait que lui faire plaisir.

« Colonel Javan », s'empressa de préciser leur interlocuteur en bombant insensiblement le torse.

Le jeune homme venait de marquer un point.

« Eh bien, colonel Javan, n'hésitez pas à faire appel à nous. »

Cette fois, il était sincère. Car pour lui, devant la maladie, tous les hommes étaient égaux, les victimes comme les bourreaux. A la justice, ensuite, de faire la différence.

Profitant de son avantage, le pédiatre enchaîna :

« Comme vous l'expliquait mon amie, nous allons juste grimper un peu sur la colline pour jeter un coup d'œil sur le camp. »

Sans attendre sa réponse, il contourna l'imposant militaire.

« N'allez pas trop loin. Beaucoup de gens sont prêts à tout pour quelques dollars, prévint ce dernier.

— Surtout vous et vos hommes ! » marmonna Prune quand elle fut sûre de ne plus être entendue.

« Tu es sûre du chemin ? demanda Ludo une bonne demi-heure plus tard, en voyant la végétation s'épaissir.

— On y est, dit Prune. Voilà la clairière où j'ai rencontré Augustine.

— Ah bon ? Et où sont les enfants ?

— Certainement pas loin. On va les attendre. »

Elle s'assit sur l'une des couvertures roulées au pied d'un arbre et invita son compagnon à en faire autant.

« J'espère qu'ils ne vont pas trop tarder. Il y a tellement de malades dans le camp ! »

Songeur, Ludo balaya la petite clairière du regard. Il avait du mal à imaginer que des enfants pouvaient vivre là. Il se leva et s'approcha d'un foyer encore fumant.

« Ils ont dû s'éloigner il y a peu de temps. »

Un détail l'intrigua.

« Regarde ! »

Dans la marmite, à moitié renversée, une étrange mixture à base de plantes et de racines finissait de brûler.

Prune s'approcha et fit la même déduction : jamais les enfants, affamés, n'auraient gaspillé le peu de nourriture ramassée dans la forêt.

« Ils ont pris la fuite précipitamment », conclut-elle, effrayée.

Tous deux se mirent à la recherche d'un indice les aidant à comprendre ce qui avait bien pu se passer : en vain !

Désespérée, Prune se blottit dans les bras de son ami.

« Ils avaient une bonne raison de fuir les adultes, je le sentais. Pourquoi n'ai-je pas insisté pour connaître leur secret ? »

Soudain, un craquement sinistre les fit sursauter. Ludovic serra les poings, près à défendre chèrement leur peau... En guise d'assaillant, ils virent une femme sans âge sortir timidement de derrière un buisson aux feuilles desséchées.

« Sûrement une réfugiée », se dit Prune.

En effet, sa robe, poussiéreuse, était déchirée à plusieurs endroits. Elle portait un foulard noué sur la tête et d'épaisses lunettes dont un verre était fendu en deux... Deux larges cernes entaillaient ses joues amaigries.

La Rwandaise s'approcha et murmura, comme si des espions étaient cachés derrière chaque arbre :

« Vous êtes médecin ?

— Oui, répondit Ludovic, étonné.

— Vous cherchez les enfants ? Ils ont pris la fuite.

— Ils sont sains et saufs ? lâcha Prune précipitamment.

— Oui, je les ai avertis juste avant.

— Avant quoi ? »

La femme jeta un regard inquiet autour d'elle :

« Je préférerais ne pas en parler ici. Ils peuvent revenir.

— Savez-vous où se cachent les enfants ? demanda Ludo.

— Bien sûr. Je les ai accompagnés. Ce sont eux qui m'ont dit de revenir vous chercher ici... Ils sont bien malades.

— Allons-y ! »

Le trio continuait à s'éloigner du camp de Mugunga, sur l'autre versant de la colline. Très vite, la forêt fit place à une steppe aux herbes jaunies. La jeune femme ouvrait la marche. Prune et Ludo s'efforçaient de rester à sa hauteur pour ne pas perdre un mot du long monologue dans lequel s'était lancée Félicité, leur guide.

« Je suis institutrice. Je vivais à Kigali avec mon mari et notre enfant, jusqu'à ce que cette horrible guerre déchire mon pays. La ville était à feu et à sang. Nous avons pris la fuite, abandonnant notre bar et notre petite maison. Sur la route, il y avait des milliers de réfugiés. Un matin, mon mari a été arrêté pour être enrôlé de force dans l'armée hutue. Je ne sais pas ce qu'il est devenu. Ma fille est morte d'épuisement et de faim. Elle avait dix ans et ressemblait à ces enfants que vous voulez aider. C'est pour ça que je veux les protéger... »

Félicité parlait d'un timbre monocorde, comme brisé par l'émotion. Tout à coup, sa voix s'enflamma :

« Pour moi, il n'y a pas de Hutus et de Tutsis, c'est stupide. Nous sommes tous Rwandais... Mais pour le colonel Javan, les Tutsis sont des *Inyenzi*, des cancrelats tout juste bons à être écrasés.

— Tiens, le colonel Javan, souligna Ludo.

— Pourquoi, vous le connaissez ?

— On l'a juste croisé. »

Félicité baissa la voix, comme si les arbres étaient truffés d'espions.

« Ce n'est pas seulement un militaire. Il a surtout dirigé durant la guerre l'une des fameuses milices Interahamwes[1].

— Ceux qui ont massacré des centaines de milliers de civils ! s'exclama Ludo.

— Hélas !... »

Félicité fut incapable d'en dire plus.

Ils marchèrent un moment en silence.

« Quel rapport y a-t-il entre le colonel Javan et les enfants ? finit par demander Prune.

---

1. Ce terme signifie « ceux qui combattent ensemble ». Ces milices armées étaient composées d'extrémistes hutus, recrutés parmi les civils ou les militaires. Présentes dans tout le pays, elles ont favorisé et participé au massacre de Tutsis et de Hutus modérés.

— J'y viens : jusque-là le colonel, indifférent, les laissait tranquilles. Malheureusement, il a appris qu'une Tutsie se cachait parmi eux. Il a décidé aussitôt de la tuer. »

La jeune photographe s'arrêta en agrippant le bras amaigri de Félicité.

« Augustine !

— Quoi, Augustine ? grommela Ludo.

— Son secret, la raison de sa peur des adultes, c'est ça. Elle est tutsie. Comment n'y ai-je pas pensé plus tôt !

— Vous en savez plus que moi, constata la Rwandaise.

— Comment avez-vous été au courant des projets du colonel ? lui demanda le jeune homme.

— Une indiscrétion. Ses hommes, désœuvrés, boivent beaucoup de bière. Ils ont parfois tendance à parler un peu trop. »

En discutant, ils étaient presque arrivés en bas de la colline. D'énormes rochers étaient posés çà et là, sans doute à la suite d'un lointain tremblement de terre.

Félicité s'arrêta. Elle se mit à compter les monticules de pierre, comme si ce désordre géologique pouvait avoir un sens... Tout à coup, elle tendit le bras vers l'un d'eux :

« Les enfants sont cachés là, dans une faille, sous cet amas de rochers. »

5

La dysenterie fait des ravages

« Prune ! »

Avant même que la jeune photographe ait eu le temps de s'habituer à la pénombre, un corps frêle bondit dans ses bras. A la casquette rouge vissée sur son crâne, elle n'eut aucun mal à reconnaître Phinéas. Il semblait encore plus amaigri que la première fois.

Puis le petit Rwandais tendit gravement une main à Ludovic :

« Tu es le médecin des enfants ?

— Oui, je suis pédiatre, répondit le jeune homme avec le même sérieux. Prune m'a beaucoup parlé de toi. Où est ton amie Augustine ? »

Le garçon baissa la tête, penaud, comme s'il venait de faire une bêtise.

« Elle a mal au ventre... elle aussi. Venez ! »

Il prit la main de Prune à droite, celle de Ludo à gauche, et les entraîna vers le fond de la faille, sous les roches.

« Je monte la garde », précisa Félicité.

Elle s'assit sur la racine d'un arbre mort. Postée à l'entrée de l'étrange grotte, elle pouvait surveiller les environs.

Au bout de quelques pas, le pédiatre dut se plier, bientôt imité par son amie, tant le plafond rocheux était bas. L'air, moite, était chargé d'une odeur pestilentielle, mélange de diarrhée, de vomi et de transpiration. Les deux jeunes gens se mirent à respirer par la bouche, de manière saccadée, pour avaler le moins d'air possible.

« Voilà nos amis français », dit Phinéas en se penchant vers une forme vague, allongée à même la terre.

Puis il se tourna vers Ludo :

« Elle, c'est Augustine. »

Phinéas aurait mis autant d'emphase pour présenter un personnage très important.

Le jeune homme s'accroupit à côté de la fillette.

« Je n'arriverai pas à consulter ici. Je n'y vois rien, fit-il. Il faudrait sortir les malades en plein air.

— Pas question, répondit la voix faible, mais déterminée d'Augustine. Et si ILS revenaient.

— J'ai mieux », déclara Prune, connaissant l'entêtement de l'adolescente.

Elle fouilla dans les poches extérieures de son sac photo, d'où elle ne tarda pas à extraire une lampe torche.

Une lumière blanche jaillit, forçant tout le monde à plisser les yeux. Dirigée vers le plafond, elle éclairait presque tout l'espace souterrain. Le spectacle qui s'offrit alors à Prune et Ludovic les fit frémir.

« Ce n'est pas possible », soupira la jeune femme.

Une quinzaine d'enfants étaient allongés à même le sol, souvent recroquevillés sur eux-mêmes, en se tenant le ventre. Assis à leur côté se tenaient ceux qui n'étaient pas encore contaminés par la maladie. Pas un mot, pas un sourire : eux aussi avaient l'air à bout de force.

« Éclaire-moi ! »

Ludovic examina rapidement Augustine, à la lueur de sa torche. La peau de son visage était fripée comme celle d'une vieille femme, les orbites de ses yeux creusées, le teint gris... On aurait dit un cadavre !

L'adolescente grelottait, malgré la chaleur. Le médecin posa une main sur son front : elle avait au moins 40° de fièvre !

« Tu as la diarrhée ? » demanda-t-il.

Augustine hocha la tête de haut en bas.

« Tu vomis souvent ? »

Nouveau signe affirmatif.

Ludovic avait posé ces questions par pure forme. Car le short souillé de l'adolescente et les traces encore collées sur ses joues parlaient pour elle.

Puis il remonta lentement le T-shirt couvert de terre de la jeune malade et pinça la peau de son ventre : elle restait fripée, sans revenir à sa position initiale !

« Déshydratation massive », constata-t-il à haute voix.

Penché sur son épaule, Phinéas suivait chacun des gestes du pédiatre en retenant son souffle, comme si la vie ou la mort de son amie dépendait de ce rapide examen. Un peu en retrait, Prune voyait bien la mine angoissée du garçon et ses petits poings crispés sur le bas de son short.

« Où as-tu mal ? demanda Ludo.

— Là », soupira Augustine en indiquant son ventre d'un geste lent.

Le jeune pédiatre palpa son abdomen, sans un mot. Il ouvrit sa trousse médicale et sortit son stéthoscope dont il passa les deux embouts à ses oreilles. Puis il parcourut le thorax de la malade avec la pastille située à l'autre extrémité. Les battements de son cœur étaient anormalement rapides.

« Elle a tous les symptômes de la dysenterie bacillaire, avec déshydratation massive », conclut-il à haute voix.

Il sortit de sa trousse une boîte de Bactrim et fit avaler un comprimé de cet antibiotique à l'adolescente.

« C'est tout ce que je peux faire pour l'instant. Il faut la perfuser d'urgence. »

Puis Ludovic examina sommairement une dizaine d'autres enfants. Pendant ce temps, Prune prenait quelques photos, le flash dirigé vers la voûte en pierre pour donner à ses clichés une lumière tamisée.

« C'est bien ce que je craignais, soupira son ami au bout d'une demi-heure.

— Quoi ? demanda-t-elle.

— Ils ont tous la dysenterie. Certains sont dans un état critique. Il est urgent d'intervenir.

— Qu'est-ce qu'on a fait de mal ? dit Phinéas d'une voix plaintive.

— Rien... Mais les bactéries de cette maladie, appelées sighelles, sont de vilains microbes qui se transmettent très facilement, par simple contact avec une personne infectée, ou, indirectement, par l'eau et la nourriture. »

Il montra les enfants entassés les uns sur les autres.

« Dans les conditions de promiscuité où vous vivez, vous allez tous être malades, si rien n'est fait. »

Au prix d'un grand effort, Augustine réussit à s'appuyer sur ses avant-bras.

« Que faut-il faire ? » murmura-t-elle.

Ludovic réfléchit :

« Je ne peux pas vous soigner ici, j'ai besoin de matériel. Vous allez tous venir dans notre antenne médicale.

— Pas question ! »

L'adolescente avait mis toute son énergie dans ces deux mots.

Prune intervint :

« Ne t'inquiète pas. Les soldats ne peuvent pas deviner que tu es tutsie si personne ne leur dit.

— C'est faux, je ne suis pas tutsie ! » s'écria l'adolescente.

Prune s'approcha d'elle et s'agenouilla pour être à sa hauteur.

« Écoute-moi, j'ai découvert ton secret. Je sais que tu es tutsie.

— Ce n'est pas vrai ! »

L'adolescente s'assit d'un bond. Prune saisit avec douceur ses deux frêles épaules.

« Alors comment expliques-tu que les hommes de Javan te recherchent ? Je t'assure, j'ai tout compris et tu peux me faire confiance. »

Augustine resta silencieuse quelques secondes avant de poursuivre :

« C'est vrai, tu as raison, je suis tutsie... mais personne ne doit le savoir. C'est promis ?

— Promis, fit la jeune photographe en se relevant.

— Écoute, Augustine, dit Ludo, vous devez venir dans notre centre de soins. Vous n'avez pas le choix. Ici, toi et les autres malades ne survivrez pas 48 heures... si les hommes du colonel Javan ne vous ont pas trouvés d'ici là !

— Accepte, je veux que tu vives, supplia Phinéas en prenant la tête de son amie entre ses bras chétifs.

— J'ai une idée », fit une voix derrière eux.

Tous sursautèrent.

« Ah, Félicité, je ne t'avais pas entendue t'approcher, dit Prune.

— Je vais faire passer Augustine pour ma fille. J'annoncerai à tout le monde que je t'ai retrouvée dans le camp... Et personne ne pourra te soupçonner d'être tutsie. »

Phinéas battit des mains.

« Génial !... Pas vrai, Augustine ? »

Celle-ci s'était laissée retomber en arrière, épuisée par l'effort qu'elle venait de fournir.

« Comme vous voulez, murmura-t-elle d'une voix lasse.

— Félicité, sais-tu s'il y a un moyen de s'approcher d'ici par la piste ? demanda Ludo.

— Oui, un peu plus bas, j'ai aperçu un 4 × 4 l'autre jour.

— Bon, on viendra vous chercher demain matin à la première heure... »

Il s'accroupit devant Phinéas :

« En attendant, je peux te confier une mission ? »

L'enfant rajusta fièrement sa casquette.

« J'écoute, chef !

— Avec les autres enfants valides, tu vas ramener de l'eau, beaucoup d'eau, pour faire boire les malades. Mais attention !... »

Il sortit une nouvelle boîte de sa trousse médicale.

« ... Tu vas purifier cette eau avec ces pastilles de chlore, une pastille par litre, et attendre une heure avant de boire. C'est compris ? »

Phinéas répéta consciencieusement les consignes en raccompagnant les trois adultes vers la sortie de la faille.

« C'est insuffisant, mais je ne peux rien faire de plus ici, soupira le jeune médecin en s'éloignant. J'espère qu'Augustine tiendra le coup jusqu'à demain ! »

Sous la lumière déclinante de cette fin d'après-midi, le camp de Mugunga avait pris des allures encore plus lugubres. Les deux amis marchaient en silence, repensant avec émotion à ces enfants privés de parents, qui avaient fui la guerre et le monde adulte pour être rattrapés par l'épidémie. Félicité avait préféré prendre un autre chemin pour qu'on ne les surprenne pas ensemble.

A l'approche du dispensaire, Prune et Ludo furent attirés par les pleurs d'un bébé. En contrebas du sentier, le nourrisson reposait près d'une forme allongée.

« Mais on dirait un corps ! » s'écria le jeune homme.

Il se précipita, suivi de sa compagne.

« C'est bien ça ! »

Le pédiatre retourna la femme et l'allongea sur le dos : sa peau était fripée et ses cernes creusés, comme ceux d'Augustine. Il prit son pouls...

« Elle vit encore ! Prune, occupe-toi du bébé. »

Il s'arc-bouta pour soulever le corps inerte et fut surpris par sa légèreté : la pauvre femme n'avait que la peau et les os !

Affolé par cette jeune nounou à la peau blanche qui le séparait de sa mère, le bébé se mit à pleurer de plus belle. Sans avoir le temps de le consoler, les deux amis parcoururent au pas de course la cinquantaine de mètres qui les séparait encore de l'antenne médicale.

Le centre de soins était maintenant délimité par une haie de bâches, montées dans l'après-midi par les logisticiens. A l'intérieur, l'activité s'était encore intensifiée ! Deux cents malades au moins étaient allongés sur des couvertures alignées sur le sol volcanique. Des proches étaient souvent assis autour. Les bénévoles de l'UMI, en blouse blanche, s'agitaient au milieu de tout ce monde.

Les malades étaient regroupés en deux groupes, sous d'immenses bâches bleues qui les protégeaient du soleil. Une pancarte indiquait *« Abana/enfants »*, une autre *« Abakuru/adultes »*.

Ludo et Prune se dirigèrent au pas de course vers la

seconde. Ils tombèrent sur Delphine, les cheveux en bataille, les traits tirés.

« Vite, on peut encore la sauver », dit-il.

Sans répondre, elle déplaça avec précaution deux malades pour dégager une place.

« Installez-la ici, je vais chercher du sérum de réhydratation », dit-elle.

Le pédiatre allongea la malade, qui gémissait faiblement. Son amie déposa le bébé à ses côtés : il s'agrippa instantanément aux vêtements de sa mère.

« Je vais prendre quelques photos », dit Prune.

Déjà de retour, Delphine avait suspendu une poche de sérum d'un litre à une corde tendue au-dessus de la tête des malades. Avec des gestes rapides et sûrs, elle relia la pochette en plastique transparent à une tubulure. Ce fin tuyau prolongé par une aiguille allait servir à faire couler le sérum directement dans les veines de la malade pour la réhydrater plus rapidement. En quelques heures, elle retrouverait des forces.

« As-tu besoin de moi pour la perfuser ? demanda Ludo.

— C'est bon. On est assez nombreux, répondit la jeune infirmière brune qui avait déjà préparé son garrot en caoutchouc. Il faut absolument que je parle du problème des enfants abandonnés à Carole.

— Bon courage, elle est complètement survoltée !... Au fait, comment vont-ils ? »

Tout en parlant, Delphine s'apprêtait à planter l'aiguille dans une veine du creux du bras de la malade.

« Mal. La moitié est déjà victime de l'épidémie. Je compte les ramener dès demain matin pour les installer dans un coin du centre de soins.

— Si tu as besoin d'une infirmière, tu peux compter sur moi.

— Merci, Delphine. Je retiens ta proposition. »

Ludo s'éloigna, à la recherche de Carole.

« Ludo, viens voir ! »

Une tignasse auburn bien connue s'agitait à l'entrée d'une vaste tente, la seule déjà montée.

« Regarde le projet de Christian », lança Prune lorsqu'il l'eut rejointe.

Elle lui prit le bras et l'entraîna sous la toile blanche. De chaque côté s'élevait un mur de cartons d'au moins deux mètres : les pochettes de sérum de réhydratation et les perfusions d'un côté, les SRO (sels de réhydratation orale) de l'autre, pour les malades qui avaient la force de boire.

Au milieu, Ludo reconnut les cartons, plus petits, contenant les antibiotiques. Christian s'en était servi comme table pour étaler ses documents.

« Je te présente Jean de Dieu, notre logisticien local », dit-il.

Il posa une main sur l'épaule du Rwandais qui se tenait à ses côtés.

Excepté la couleur de peau, la ressemblance entre les deux jeunes gens était frappante : même allure longiligne, même visage émacié, mêmes yeux rêveurs d'adolescents grandis trop vite...

Le médecin et son amie se penchèrent sur le plan de l'antenne médicale, griffonné par Christian sur une feuille de papier.

« J'ai essayé de prendre le maximum de précautions pour isoler les patients et lutter contre la propagation de la maladie, commenta-t-il. Donne-moi ton avis, Ludo. »

Son doigt parcourut le dessin :

« Une double clôture en toile avec un accès obligé par un bassin de liquide désinfectant. Entre les deux clôtures, nos deux réservoirs souples de 5 000 litres pour l'eau potable, plus un coin cuisine. A l'intérieur, la pharmacie où nous nous trouvons, ici une grande tente d'hospitalisation pour les enfants, et là une autre pour les adultes, plus une troisième pour les patients ne nécessitant pas de perfusion. Tout au bout, j'ai prévu les latrines et une fosse pour incinérer les déchets.

— Ça me semble parfait, dit Ludo... Mais je ne suis pas un expert. Demande plutôt à Carole... Dis-moi, où pourrait-on accueillir une trentaine d'enfants, dont la moitié est malade ?

— Je lui ai parlé de nos enfants, précisa Prune. Montre-lui ton idée, Christian. »

Elle ébouriffa tendrement les boucles brunes du jeune métis.

« C'est facile... euh... là euh... les enfants euh... »

Il s'était mis à rougir comme un adolescent timide.

« Je t'écoute », dit Ludo en souriant.

Il savait bien qu'il suffisait d'un regard de la belle photographe aux yeux vairons, bleu et vert, pour faire chavirer le logisticien.

« Euh... Je vais rajouter deux petites tentes là, à côté de la tente de soins. Jean de Dieu t'aidera à les monter », finit-il par dire en pointant le doigt sur le plan.

Au passage, il fit rouler son stylo vers l'extrémité du carton, tenta de le rattraper en se penchant... et s'écroula, entraînant avec lui la pile de cartons et le plan.

Prune et Ludo éclatèrent de rire en voyant le logisticien étalé de tout son long : sa maladresse était légendaire à l'UMI... mais à ce point ! Jean de Dieu, discret jusqu'alors, fut secoué par un rire nerveux, aussitôt imité par Christian.

« Je vois qu'on s'amuse bien pendant que d'autres s'échinent face à la maladie. »

En entendant la voix glaçante de Carole, la bonne humeur des jeunes gens retomba. Pour une fois, la blonde aux allures de mannequin avait troqué son éternelle jupe BCBG contre un jean, surmonté, quand même, par un chemisier blanc... de marque !

Christian se redressa, tout penaud, entreprit de redresser la pile de cartons, aidé par Jean de Dieu. Prune préféra s'éclipser discrètement pour prendre des photos.

« Justement, je te cherchais, dit Ludo, redevenu sérieux.

— On n'aurait pas dit !

— Je voudrais te parler des enfants abandonnés.

— Ah oui, les protégés de Prune ! »

Carole insista sur ce dernier mot avec un air méprisant.

« Protégés ou pas, ils vont mal, enchaîna Ludo.

— Ils sont des milliers de réfugiés dans ce cas.

— Oui, mais tu sais bien que la dysenterie frappe en premier les plus faibles, à commencer par les enfants. »

Spécialiste des maladies tropicales, Carole ne pouvait le nier.

« Eh bien, fais-les venir. Nous nous en occuperons.

— Tu connais le contexte : ces enfants sont traumatisés. Ils ont peur des adultes. Ils veulent rester ensemble.

— Pas question ! Ils seront soignés au même titre que les autres. »

Les deux médecins se faisaient face, Carole à peine plus petite que le jeune pédiatre.

Christian finit rapidement de remettre tout en place et sortit sur la pointe des pieds, en entraînant derrière lui son compagnon rwandais.

Ludo les laissa s'éloigner avant d'ajouter, à voix basse :

« Il y a une Tutsie parmi eux. Elle est en danger de mort ! »

Carole resta silencieuse.

« C'est pour ça que ces enfants ont tellement peur des adultes, poursuivit-il.

— Mais on n'a pas les moyens de la protéger !

— Si. Une Rwandaise, Félicité, va la faire passer pour sa fille, perdue durant l'exode. Elle s'occupera de toute l'intendance des enfants. »

Ludo sentit que la détermination de Carole vacillait.

« Où va-t-on les mettre ?

— J'ai discuté avec Christian ! lança le jeune pédiatre. Regarde son plan, il a tout prévu. »

Ils s'approchèrent de la table improvisée sur laquelle Christian avait laissé tous ses papiers.

« Là, dans le coin, il y a la place pour deux tentes... Jean de Dieu m'aidera à les monter ce soir. Ensuite, j'ai juste besoin de l'aide de Delphine deux à trois heures par jour... Et je ne t'embêterai plus ! »

Penchée au-dessus des feuilles, Carole regarda le visage encore juvénile du jeune homme. Ses yeux s'attardèrent sur ses lèvres pleines, sur son nez bien dessiné et sur ses beaux yeux verts de grand garçon un peu rêveur... Elle se redressa d'un bond en secouant sa chevelure blonde, comme pour chasser son émotion.

« C'est bon. Tu m'as convaincue. »

Ludovic venait juste de prendre Carole dans ses bras pour la remercier lorsque Prune entra :

« Pardon de vous déranger, mais le colonel Javan souhaite parler à la responsable de la mission. »

Puis elle tourna les talons, non sans avoir décocher un regard noir de jalousie à son ami.

« Pas un mot de l'enfant tutsie », glissa Ludo à Carole, juste au moment où l'immense militaire pénétrait sous la tente. Puis il se retourna et tendit la main au nouvel arrivant :

« Vous voyez, colonel, notre petite promenade s'est bien passée.

— Ça me fait bien plaisir », dit Javan de sa grosse voix.

Les présentations furent brèves. Le milicien n'était pas homme à dissimuler très longtemps ses intentions.

« Je suis très inquiet pour vous, commença-t-il.

— Que se passe-t-il ? demanda Carole d'un ton ferme.

— Des commandos tutsis du FPR rôdent dans la région. Ils pourraient vous prendre en otage. Je vais poster des hommes armés autour de votre centre de soins pour contrôler... »

Carole l'interrompit :

« Je ne veux aucun contrôle. Ce n'est pas une caserne mais une antenne médicale. Et je ne vois pas pourquoi le FPR s'en prendrait à des médecins. Dans ce conflit, nous sommes neutres. »

Javan paraissait impressionné par la détermination de cette élégante femme blonde.

« Au moins deux gardes à l'entrée.

— Colonel, j'ai été très claire, je crois.

— Qui vous a parlé de commandos FPR dans la région ? enchaîna Ludo. Les Tutsis ne pourraient faire un pas sans se faire découper à la machette. Vos hommes sont partout !

— J'ai mes sources », répondit Javan.

Il refusa d'en dire plus.

« Encore de l'intox, pensa le jeune pédiatre. Mais pourquoi tient-il tant à surveiller notre antenne médicale ? »

Les grands yeux globuleux du géant parcouraient les piles de cartons.

« Plusieurs de mes hommes sont malades, reprit-il.

— Faites-les venir ici, nous les soignerons... comme les autres, souligna Carole.

— Pas au milieu de tous ces paysans !

— Je préfère les paysans aux assassins, rétorqua la jeune femme.

— Écoutez, j'ai juste besoin de médicaments. Nous avons un médecin avec nous !

— Ah bon ! intervint Ludo. Il serait plus utile ici, à côté des nôtres, pour soigner son peuple. »

Javan lui jeta un regard haineux. Décidément, ce jeune frisé avait le don de l'énerver... Mais il ne lui répondit pas et préféra s'adresser à Carole.

« Quelques-uns de ces cartons feraient l'affaire, dit-il en montrant ceux qui l'entouraient.

— N'insistez pas. Il n'en est pas question... Encore une fois, vos hommes malades sont les bienvenus, mais sans armes. Maintenant colonel, je vais vous demander de nous laisser. J'ai beaucoup d'autres urgences à traiter. »

Sans lui laisser le temps de répondre, elle lui tendit la main. Javan serra les mâchoires. Ses grosses narines s'étaient mises à palpiter sous le coup de la colère.

Avant de sortir, il lança d'une voix menaçante :

« Je vous préviens, vous entendrez reparler de moi... dans très peu de temps ! »

6

Augustine en danger

Un étrange cortège venait de franchir l'enceinte de toile bleue délimitant le centre de soins. Les protégés de Prune semblaient avoir parcouru des centaines de kilomètres à pied tant ils étaient sales, maigres et épuisés. Pourtant, ils étaient arrivés en 4 × 4. Deux grosses camionnettes bâchées de l'UMI venaient de les déposer. Les enfants étaient à bout de force car ils n'avaient presque rien mangé depuis deux jours. Et certains souffraient de la terrible dysenterie bacillaire qui avait déjà fait tant de morts à Goma.

Une partie de l'équipe médicale de l'UMI était accourue pour porter les plus faibles, ceux qui ne tenaient même plus debout. Les autres avançaient en se soutenant mutuellement.

Le cortège était fermé par un brancard. Christian à l'avant, Ludovic à l'arrière avaient empoigné les barres de bois entre lesquelles était tendue une toile grise. Le corps squelettique d'Augustine y était allongé. Depuis la visite du pédiatre la veille, et malgré les antibiotiques, l'adolescente allait de plus en plus mal. Le regard dans le vague, elle semblait à peine consciente et murmurait des mots incompréhensibles.

« Tiens bon, Augustine, on arrive », lui souffla Phinéas.

Le garçon marchait à ses côtés, sa petite main tenant celle, toute frêle, de son amie. Les yeux dissimulés par la visière de sa casquette, il jetait des regards inquiets sur ce monde d'adultes qu'ils avaient décidé de fuir... avant que la maladie ne les rattrape.

Après avoir longé quatre grandes tentes blanches, sous lesquelles étaient soignés les enfants et les adultes atteints de dysenterie, le groupe arriva à l'extrémité du centre de soins.

« Ceux qui ne sont pas malades, sous la bâche ! » ordonna Prune.

Un par un, les jeunes s'engouffrèrent sous la grande toile bleue, adossée à l'enceinte extérieure et soutenue par des piquets de bois grossièrement taillés à la machette. Épuisés, ils s'affalèrent sur l'épais tapis fait de couvertures empilées.

Ludovic, Prune et Jean de Dieu avaient travaillé tard dans la nuit pour installer cet abri de fortune. A quelques mètres de là, ils avaient aussi monté une petite tente blanche rectangulaire, réservée aux plus malades.

« Augustine, tout au fond de la tente », indiqua Ludo à Christian.

L'adolescente fut allongée sur un lit de camp. Puis le jeune médecin saisit l'une des poches de sérum suspendue à une corde, à 1,50 mètre du sol : tout était préparé pour un traitement d'urgence. Chaque minute comptait. Dans l'état où elle était, la jeune fille risquait de mourir à tout moment de déshydratation massive. Elle n'avait même plus la force de boire. Seul du sérum glucosé, un mélange d'eau stérile, de sucre et de sel injecté directement dans les veines, pouvait encore la sauver.

« Merci, Christian, fit Ludo. Pour la suite, je me débrouille. »

Il s'accroupit à la droite d'Augustine. Phinéas se tenait face à lui, la main inerte de son amie toujours dans la sienne.

Le jeune pédiatre essaya de repérer l'une des veines du creux du bras de la malade, pour la piquer. Peine perdue ! Desséchées, elles s'étaient rétractées jusqu'à devenir invisibles. Il appuya son index sur la peau et finit par sentir le battement d'un vaisseau, profondément enfoui. Vu son faible débit, il serait difficile à atteindre.

Ludo désinfecta le creux du coude avec un coton imbibé d'alcool à 90°. Puis, d'un geste minutieux, il planta l'aiguille. Mais aucune goutte de sang ne reflua. La veine, faiblement gonflée, s'était dérobée. Il renouvela sa tentative : nouvel échec. Le pédiatre, de plus en plus nerveux, insista encore trois fois : en vain !

Phinéas observait la scène en grimaçant, comme si l'aiguille pénétrait dans sa propre chair :

« Ça doit lui faire mal.

— Elle n'a pas l'air de souffrir », répondit le jeune homme.

A aucun moment, Augustine n'avait bougé, ni même frémi. Mauvais signe ! Ses yeux grands ouverts restaient fixes, son regard vide. Elle ne semblait plus consciente.

De plus en plus inquiet, Ludo résolut de piquer la veine jugulaire, dont le débit de sang est très important. Certes, son aiguille n'était pas adaptée. Mais il fallait trouver le moyen de réhydrater l'adolescente coûte que coûte, avant qu'il ne soit trop tard.

Cette fois, il eut moins de mal à repérer le vaisseau qui affleurait au niveau du cou. Il s'agissait de ne pas le manquer ! Le jeune médecin n'avait pas l'habitude de ce genre de perfusion. Il tourna son regard vers Delphine, penchée au-dessus d'un autre enfant malade, et fut tenté de lui demander de l'aide... Mais il résolut de se débrouiller seul : son amie avait d'autres urgences à traiter.

Ludo respira longuement pour se détendre, repéra bien la veine jugulaire en la faisant rouler sous son index, et enfonça son aiguille dans le cou, sans une hésitation. Quelques gouttes de sang se mirent à refluer dans la perfusion.

« Je l'ai eue !

— Quoi ? demanda Phinéas, penché au-dessus de l'épaule du médecin.

— La veine. Ça y est, Augustine est perfusée ! Regarde ! »

Le niveau de la poche de sérum, reliée à l'aiguille par un fin tube de plastique, baissait millimètre par millimètre. Le liquide de vie s'infiltrait peu à peu dans les vaisseaux de l'adolescente.

Ludo régla la molette du goutte-à-goutte au débit maximum. La jeune malade, toujours inerte, avait besoin d'au moins cinq litres en deux heures.

« Avec ça, elle va vivre ? demanda Phinéas.

— Oui... enfin, je l'espère », répondit le jeune médecin, incapable de dissimuler son inquiétude...

Il s'accroupit pour se mettre à la hauteur du garçon et le regarda droit dans les yeux :

« Je ferai tout pour la sauver, je te le promets. Mais toi aussi tu as besoin de repos et de nourriture si tu ne veux pas tomber malade. Va rejoindre les autres. »

Phinéas hésitait. Son regard passait du pédiatre à Augustine, qui semblait endormie.

« Je te préviendrai au moindre battement de cils, promit Ludo. Allez, file ! »

L'enfant sortit. Le pédiatre promena son regard sur les onze autres lits de camp, tous occupés. Il s'approcha de Delphine, penchée sur un jeune malade à l'autre bout de la tente.

« J'ai bientôt fini d'examiner cette rangée, dit l'infirmière brune. A mon avis, ils s'en sortiront. Mais il était moins une ! Et Augustine ? »

Ludo fit une grimace qui en disait long. Puis il retourna soigner les derniers malades... heureusement moins déshydratés, donc plus faciles à perfuser que l'adolescente.

Les autres enfants, les plus valides, étaient assis en demi-cercle, à l'entrée de la bâche. Tous les regards convergeaient dans la même direction. Des regards attentifs, émerveillés.

Qu'observaient-ils ? Une marmite, une grande marmite en fonte dans laquelle Félicité était en train de faire bouillir un *impungure*. Affamés, ils salivaient devant ce plat traditionnel rwandais — du maïs et des haricots rouges cuits à l'eau — comme devant le plus fabuleux des festins. D'ailleurs, ils prêtèrent à peine attention à l'arrivée de Prune, encombrée d'un sac et d'une grande boîte carrée en aluminium.

« Voilà pour vous faire patienter », lança la jeune photographe.

Cette fois, tous les regards se tournèrent vers elle.

Elle ouvrit la mystérieuse boîte et la donna à Phinéas : elle contenait quatre rangées de biscuits, bien alignés.

« Occupe-toi de la distribution », dit-elle.

Phinéas cala le « trésor » contre son torse et passa devant les dix-huit autres enfants. A chacun, il distribuait cinq biscuits.

« Ne mangez pas trop vite, sinon vous risquez d'avoir mal au ventre », recommanda Félicité, sans cesser de remuer l'*impungure* avec une grande louche en bois.

Les yeux de l'institutrice, agrandis par les verres épais de ses lunettes, passaient amoureusement d'un enfant à l'autre. Elle prenait plaisir à les voir dévorer jusqu'à la dernière miette... Soudain, elle sentit des larmes lui monter aux yeux. Elle venait de penser à sa fille. Si elle avait pu manger ainsi quand elle était faible, elle ne serait pas morte durant l'exode.

Mais ça, c'était secret. Car pour tous, Félicité avait retrouvé son enfant la veille, parmi le groupe de jeunes... Personne ne devait se douter qu'Augustine était tutsie.

Prune s'approcha de la Rwandaise et se pencha sur la marmite. L'eau avait pris la couleur des haricots rouges.

« Ce sera prêt dans combien de temps ? demanda-t-elle.

— Dans une bonne demi-heure.

— Bon, je vais les occuper. »

Elle revint vers le cercle des enfants, déposa son sac à leurs pieds et s'accroupit face à eux.

« J'ai encore autre chose pour vous », dit-elle.

Sous leur regard interrogateur, elle sortit un mystérieux boîtier noir.

« Vous connaissez ? » demanda-t-elle.

Personne ne répondit.

« C'est un appareil Polaroïd. Quand on appuie sur ce bouton-là, il prend des photos et les développe automatiquement en trois minutes. Quelqu'un veut essayer ? »

L'intrépide Phinéas fut le premier à lever le bras.

« Prends le boîtier dans tes deux mains, fit Prune, et regarde dans le "viseur"... Oui, comme ça. L'appareil est automatique, il n'y a rien à régler. »

Phinéas était un peu crispé. Sans le vouloir, son doigt appuya sur le déclencheur. Un clic-clac se fit entendre. Le garçon s'arrêta, interdit, et regarda Prune avec deux billes noires coupables. Il pensait avoir commis une faute grave.

« Ce n'est rien, s'esclaffa la jeune femme. Tu as pris une photo, c'est tout... D'ailleurs, regarde ! »

Un cliché venait de sortir par le bas du boîtier.

« Dans trois minutes, on pourra enlever la feuille de protection et admirer ton chef-d'œuvre. »

Trois minutes plus tard, Phinéas soulevait d'une main hésitante la fine pellicule de papier. Tous ses amis étaient penchés au-dessus de son épaule, retenant leur souffle.

« C'est quoi ? » demanda-t-il, en tendant le cliché à Prune.

Elle éclata de rire.

« En fait de chef-d'œuvre, ta photo est floue parce que tu as bougé. Tu as pris un bout de la bâche... »

Prune montra en détail le maniement de l'appareil, avant de sortir quatre autres Polaroïds de son sac :

« Vous allez prendre des clichés de vous, du camp... de tout ce que vous avez envie de montrer aux enfants français pour leur expliquer dans quelles conditions vous vivez. A mon retour, je ferai une exposition avec vos meilleures photos. »

Un silence accueillit les propos de Prune. Ils étaient

à la fois impressionnés et flattés de cette responsabilité. Mais aucun n'osait encore se saisir d'un appareil.

Une fois de plus, Phinéas prit l'initiative.

« Je vais faire des photos de Félicité », dit-il.

Il se dirigea vers la « cuisine » improvisée en plein air.

« C'est donc pour ça que tu m'as fait acheter des Polaroïds juste avant mon départ, dit une voix grave dans son dos.

— Ah, Ludo, je ne t'avais pas vu !... J'ai eu envie de montrer la vie dans les camps à travers le regard des enfants.

— C'est une très bonne idée.

— Et Augustine ?

— Je suis très inquiet », répondit-il en baissant la voix.

Il fit part des efforts déployés durant deux heures pour perfuser les malades et les mettre sous antibiotiques... Mais déjà, Phinéas était de retour en brandissant trois photos. Il les étala sur les couvertures d'un geste ample, comme on abat des cartes maîtresses.

Les petites têtes frisées s'étaient rapprochées. Le premier cliché montrait l'institutrice, de loin, penchée au-dessus de sa marmite. Le second reprenait le même plan, de plus près.

« Je préfère celle-ci, commenta Prune, car on voit mieux le visage de Félicité et son geste pour remuer la bouillie avec un manche en bois. »

Fier, Phinéas abattit sa dernière « carte ». Elle représentait l'intérieur de la marmite, vu de haut.

« Très bien, ajouta la photographe. Comme ça, on sait ce que vous mangez. Et puis le cadrage est original. Bravo ! »

Le garçon tripotait la visière de sa casquette, content et fier.

Une fillette, restée un peu en retrait, se mit à gémir en frottant les yeux de ses petits poings.

« Qu'est-ce qui t'arrive? demanda Ludo.

— On a volé l'âme de Félicité.

— L'âme, mais pourquoi ça?

— Ah, je sais, dit Phinéas. On dit chez nous qu'en prenant quelqu'un en photo, on vole son âme. Moi, je n'y crois pas.

— Tu as raison, ce n'est pas vrai, dit Prune. La preuve, regarde. »

Elle s'approcha de la fillette, lui essuya les yeux avec un mouchoir en papier et lui montra la cuisinière, dehors, en train de vaquer tranquillement à ses occupations.

« Va la rejoindre si tu veux. Tu verras que son âme est toujours avec elle. »

Mi-rassurée, mi-apeurée, l'enfant courut se réfugier dans les jupons de la Rwandaise, comme si elle était sa mère.

« Vous avez vu, ce n'est pas difficile de prendre des photos, reprit Prune. J'aimerais que vous en fassiez tous autant.

— C'est prêt! »

A l'appel de Félicité, tous les enfants se dressèrent d'un bond et se précipitèrent à l'extérieur de la bâche.

« Tu as du succès, mais jusqu'à un certain point », plaisanta Ludo.

Il ajouta en se redressant :

« Je vais revoir Augustine.

— Je t'accompagne », fit son amie.

Dehors, les enfants regardaient avec émerveillement leurs écuelles en aluminium se remplir de la mixture compacte faite de maïs et de haricots rouges. C'était leur premier vrai repas depuis que la guerre civile entre les armées hutues et tutsies les avait obligés à fuir dans le plus grand désordre et à se nourrir, souvent, de racines.

En entrant sous la tente, Ludo s'arrêta net. Il venait d'apercevoir, tout au fond, un dos large revêtu de l'uniforme en treillis des militaires hutus. Et le soldat était justement penché sur le corps d'Augustine, un papier ou une photo à la main!

« Qui c'est celui-là? » s'exclama Prune, par-dessus l'épaule de son ami.

A ces mots, la silhouette se redressa en glissant le mystérieux document dans sa poche et se retourna d'un bloc : c'était le colonel Javan en personne!

7

Un mal mystérieux

En cinq grandes enjambées, Ludovic fut près du milicien rwandais, suivi de Prune. Il vérifia d'un coup d'œil qu'Augustine respirait encore et que le goutte-à-goutte fonctionnait. Puis, rassuré, il fit face à Javan :

« Colonel, que faites-vous ici, sous MA tente, auprès de MES malades ? »

Ce dernier eut un sourire étrange, mi-angélique, mi-démon :

« Je viens prendre des nouvelles de ces enfants. Après tout, ils sont hutus, comme moi !

— Les nouvelles, il fallait me les demander. Vous n'avez aucun droit de pénétrer ici sans mon autorisation.

— Je sais, docteur, fit le milicien. Mais je voulais m'assurer moi-même qu'ils sont bien soignés... Et je suis tout à fait rassuré, s'empressa-t-il de préciser.

— D'où vient votre subit intérêt pour ces enfants ? demanda Prune.

— Je vous l'ai dit. Ils sont hutus.

— Il y a un million de Hutus ici. Pourquoi eux ?

— Ils ont perdu leurs parents. Au nom de mon peuple, je me sens responsable d'eux. »

Javan mentait, Prune en était sûre. Savait-il qu'Augustine était la Tutsie recherchée par ses hommes ? Et qu'avait-il dissimulé dans sa poche à leur arrivée ?

« Colonel, ceci est un lieu de soins. Je vous demande de partir immédiatement, dit Ludo d'une voix ferme. Les enfants ont besoin de repos.

— Mais bien entendu, docteur. »

A ces mots, Javan tourna les talons sans se faire prier.

« Décidément, cette gentillesse ne me dit rien qui vaille », pensa Ludo.

En apercevant le militaire sortir de la tente, les enfants cessèrent immédiatement de manger. Ils plongèrent le nez dans leurs écuelles, recroquevillés sur eux-mêmes.

« Et eux, ils ne sont pas malades ? demanda Javan.

— Ça se voit, non ! répondit Ludo.

— Alors, ils n'ont rien à faire ici. Vous êtes autorisés à soigner, pas à récupérer nos enfants. »

Le ton du colonel s'était durci.

« Et d'un, ces enfants sont très faibles et ont besoin de se refaire une santé. Et de deux, nous ne cherchons pas à les "récupérer", comme vous dites. Ils ont été confiés à une Hutue, Félicité. C'est la maman d'Augustine, la jeune fille sur laquelle vous étiez penché quand nous sommes entrés. »

Ludo en profitait pour glisser cette information qui, espérait-il, détournerait les soupçons de Javan.

« Ah bon, la maman d'Augustine, dit ce dernier, pensif... Mais vous savez, beaucoup d'épouses de mes hommes sont prêtes aussi à accueillir ces petits.

— Vous ne chercheriez pas plutôt à les enrôler ? lança Prune.

— Mademoiselle, qu'allez-vous imaginer ! Ils sont un peu jeunes, non ?

— Chacun sait que les soldats les plus fanatisés ont été recrutés dès l'enfance.

— Allons, colonel, arrêtez de nous prendre pour des imbéciles », ajouta Ludo.

Javan s'avança jusqu'à le toucher, piqué au vif.

« Mon petit docteur, je vais vous avouer quelque chose.

— Enfin ! fit le jeune homme, nullement impressionné par la stature de son interlocuteur.

— Un traître tutsi se cache parmi ces enfants. C'est un espion du FPR.

— A ma connaissance, il n'y a pas de Tutsi ici... et encore moins d'espion. Enfin, je vous le rappelle, ces enfants sont sous ma responsabilité. Je vous demande donc de quitter immédiatement l'enceinte de ce centre de soins. »

En voyant les deux hommes prêts à en venir aux mains, Prune se dit qu'un seul coup de poing du colosse suffirait à réduire son ami en miettes.

« Mon petit docteur...

— Je sais, vous me l'avez déjà dit.

— Je vous reverrai, jeune impertinent. Et ce jour-là, prenez garde ! »

Javan tourna son impressionnante masse musculaire et s'éloigna d'un pas furieux.

A quelques mètres de là, les enfants n'avaient pas bougé. S'ils avaient pu creuser un trou dans la roche volcanique et disparaître, ils l'auraient fait !

« S'il avait touché à l'un de vous deux, je lui aurais arraché les yeux, s'exclama Phinéas en courant se blottir dans les bras de Prune.

— Me voilà rassuré, fit Ludo... Mais pour l'être tout à fait, j'aimerais faire garder l'entrée de la tente où se trouve Augustine. »

Il aperçut non loin la longue silhouette de Jean de Dieu, en train de vérifier l'une des bâches verticales servant à délimiter le centre de soins. Ludovic appela le logisticien et lui résuma en quelques mots la situation, sans faire allusion à Augustine bien sûr.

« Il n'y a pas de problème, docteur, dit le Rwandais. J'avais justement fini mon travail. Je vais monter la garde devant la tente... Mais que dira Carole ?

— Je m'arrangerai avec elle. N'aie crainte !

— Décidément, cette tigresse tyrannise tout le monde », fit remarquer Prune, trop contente d'égratigner la jeune femme au passage.

La nuit était tombée peu après 18 heures. Le soleil se couche tôt sous les Tropiques. Dans le jardin de la grande maison louée par l'UMI, au bord du lac Kivu, l'air était doux, légèrement parfumé par l'odeur des feux de bois.

« Encore une fois, capitaine, merci de nous avoir aidés à décharger l'avion. Sans vous et vos hommes, on aurait eu du mal à se passer d'Amadou... même avec ses tarifs prohibitifs ! »

Carole était assise sous un palmier, à la gauche du parachutiste français, dans un fauteuil de jardin recouvert de tissus bariolés. Mis en valeur par la lampe à gaz, ses cheveux blonds, pour une fois libérés de leur chignon, tombaient en cascade sur ses épaules.

« Je n'avais pas le choix, répondit Jean-Luc Le Fur. Prune m'avait parlé de l'UMI avec tant de passion ! »

Le militaire posa son regard bleu azur sur la jeune photographe, à sa droite, et lui décocha un clin d'œil. Carole était verte de jalousie... mais elle n'en laissa rien paraître !

« Et vous ne pouvez rien faire contre cet Amadou ? demanda-t-elle, le dos raide comme un piquet.

— C'est un homme très puissant. Il a acheté la complicité des autorités locales et contrôle pratiquement tous les trafics dans l'aéroport comme dans la ville. Quand il se sait indispensable, il n'hésite pas à le faire payer... très cher ! »

Prune, bien calée, elle, dans son fauteuil, écoutait en jouant avec l'objectif de son appareil. Avec Ludo et Carole, ils avaient quitté une heure plus tôt le centre de soins pour faire le point sur leur mission avec le capitaine. A la tête d'un détachement français envoyé au Rwanda dans le cadre d'une grande opération humanitaire baptisée « Turquoise », il pouvait leur apporter un appui logistique primordial.

« Où en est la dysenterie dans votre camp ? demanda Le Fur.

— Nous soignons environ quatre cents malades par jour, précisa la jeune femme blonde. Et l'épidémie ne semble pas ralentir.

— Elle ne cessera vraiment qu'avec le retour des réfugiés chez eux, fit remarquer Ludo. Tant qu'ils resteront entassés autour de Goma dans des conditions déplorables, les épidémies risquent de se succéder. »

A ces mots, Le Fur leva les bras au ciel :

« Trop risqué !

— Pourtant, les nouvelles autorités du pays n'attendent que ça, dit Prune.

— C'est vrai. Mais certains Tutsis, dont la famille a été massacrée par des extrémistes hutus, se vengent en massacrant à leur tour des réfugiés hutus. Et cela en dépit des consignes officielles.

— Alors que proposez-vous ? demanda Carole.

— Rien, attendre... et espérer.

— Certains ne peuvent pas attendre, reprit Ludo.

— Qui ça?

— Un groupe d'enfants sans parents, actuellement dans notre centre de soins.

— Ah oui, j'ai entendu parlé de votre action.

— Ils sont en danger. Une Tutsie se cache parmi eux. Le colonel Javan a des soupçons..

— Méfiez-vous de lui, c'est un extrémiste, interrompit le parachutiste.

— ... Justement. Il faudrait éloigner les enfants au plus vite.

— Si on ne fait rien, tôt ou tard Javan arrivera à ses fins », remarqua Prune.

Le parachutiste français se tut, les muscles de la mâchoire tendus.

« Je ne vois qu'une solution, finit-il par déclarer.

— Laquelle? lancèrent en chœur les trois amis.

— Demander aux autorités rwandaises de leur trouver des places dans un orphelinat... et de se porter garantes de leur sécurité.

— Tout à fait d'accord! s'exclama Carole. J'étais arrivée à la même conclusion. »

Prune croisa le regard de Ludo. Ils avaient la même pensée : ces enfants déjà traumatisés par la guerre, très liés les uns aux autres, ne supporteraient pas d'être dispersés dans des orphelinats impersonnels et surchargés.

« Nous avons mieux, déclara Prune.

— Ah bon? fit Carole avec une moue dubitative.

— Oui, nous avons imaginé avec Ludo faire prendre en charge ces enfants par des mamans adoptives qui remplaceraient leur mère.

— Utopique! lança la responsable de mission.

— Et pourquoi donc?

— Parce que les femmes rwandaises, qui ont tout perdu, ne vont pas se charger d'une bouche de plus à nourrir. »

Ludo passa une main dans ses boucles blondes.

« Tu as sans doute raison, avoua-t-il.

— Finalement, je crois que le système des orphelinats est le plus réaliste, souligna Le Fur. De plus...

— J'ai trouvé la solution ! s'exclama soudain le jeune médecin. Et si on faisait parrainer ces enfants par des familles françaises ? Elles enverraient chaque mois une somme modique, par exemple 100 francs, qui couvrirait les frais de la maman.

— Génial ! s'exclama Prune.

— Le projet est séduisant, reconnut le capitaine. L'UMI serait capable d'organiser ça ?

— Ce n'est pas notre vocation, marmonna Carole.

— Je me charge de convaincre notre Président dès...

— Carole, Ludo, ça va mal ! »

Christian, très agité, déboula au milieu du petit groupe. Au passage, le jeune métis renversa la lampe à gaz posée sur le gazon, plongeant l'équipe dans l'obscurité.

« Oh pardon !... Les malades affluent. On est débordés... Ils ont des crampes au ventre et des frissons... Aïe, c'est chaud ! »

Tout en résumant de façon décousue la situation, le logisticien tentait de rallumer la lampe.

« Laisse ça, on y va, lança Carole.

— Je viens voir avec vous, dit le capitaine... Prune, tu m'accompagnes dans la Jeep ? »

Une grande fébrilité régnait dans le centre de soins, éclairé par des lampes à gaz. Des malades gisaient autour des tentes, sur une couverture ou un pagne. Les bénévoles en blouse blanche volaient de l'un à l'autre, sans savoir où donner de la tête.

« Delphine, que se passe-t-il ? » s'écria Carole en se dirigeant vers la jeune femme, suivie du reste du groupe.

Seule Prune était partie de son côté, pour traduire sur la pellicule l'urgence de la situation.

« Depuis une heure, les malades n'arrêtent pas d'affluer, dit l'infirmière. On ne sait plus où les mettre.

— Quels sont les symptômes ?

— Ils ont très mal à l'estomac, comme des crampes. Ils ont aussi des sueurs froides... C'est bizarre. »

Carole se pencha sur un malade et l'examina attentivement.

« A ma connaissance, ça ne ressemble à aucune maladie tropicale connue », conclut-elle après de longues minutes.

Elle avait peu de chance de se tromper : la médecine tropicale était sa spécialité !

« C'est peut-être une intoxication alimentaire », déclara-t-elle.

De là où il était placé, Ludo voyait en permanence de nouveaux malades pénétrer dans l'antenne médicale.

« Pour toucher autant de monde, l'intoxication ne peut venir que de l'eau, ou de la nourriture distribuée par le HCR, dit-il.

— L'eau, sûrement pas, affirma Le Fur. Nous la purifions nous-mêmes ! Restent les aliments du HCR. Ça m'étonnerait. Ils sont très contrôlés. Mais on va en avoir le cœur net.

— Comment ? interrogea Carole.

— Je vais prendre des échantillons de chaque produit et les faire analyser dès demain matin par notre laboratoire.

— Vous avez ça ! s'exclama le pédiatre.

— Oui, pour vérifier si l'eau est bien purifiée.

— Docteur Ludovic, venez vite, Phinéas est malade ! » s'écria une voix dans la pénombre.

En trois bonds, le jeune homme fut près de Félicité.

« Il souffre depuis une vingtaine de minutes », expliqua-t-elle.

Déjà, ils atteignaient l'extrémité du camp. Couché en chien de fusil à l'entrée de la bâche où dormaient les autres enfants, le garçon disparaissait sous un monticule de couvertures.

Le médecin s'accroupit :

« Où as-tu mal ?

— Au ventre, gémit Phinéas en pointant son estomac... Et j'ai très très froid ! »

Le jeune pédiatre posa sa main sur le front de l'enfant : il était trempé de sueur et brûlant !

Un rapide examen confirma ses craintes : le garçon souffrait, lui aussi, du mal mystérieux.

« Je vais te donner de quoi faire tomber ta fièvre et tu essaieras de dormir, recommanda Ludo. Attends, je reviens avec les médicaments. »

Il se leva, aussitôt imité par Félicité.

« C'est grave ? chuchota-t-elle.

— J'en saurai plus demain matin. »

Il décrivit en quelques mots la situation à l'institutrice, avant de se diriger vers la tente.

« Personne à l'entrée, constata-t-il. J'avais pourtant demandé à Jean de Dieu de monter la garde jusqu'à mon retour ! »

Il pénétra sous la toile blanche... et aperçut la silhouette longiligne du logisticien penchée sur Augustine. Ludo s'approcha à pas de loup.

« C'est comme ça qu'on surveille les alentours? » lança-t-il lorsqu'il fut à deux mètres.

Le Rwandais, surpris, faillit tomber à la renverse.

« Ah, Ludovic, tu... vous... je regardais juste si les malades allaient bien, bégaya-t-il.

— Tiens, tu es médecin maintenant?

— Non... mais je les aime bien ces enfants, avoua-t-il, les yeux baissés vers le sol, comme un enfant pris en faute... Regardez comme Augustine a l'air d'aller mieux. »

Le pédiatre se pencha : effectivement, l'amélioration était spectaculaire! Les orbites de sa protégée étaient moins creusées, la peau de son visage moins fripée, sa respiration moins saccadée. Elle dormait.

Ludo remplaça la poche de sérum au bout de la perfusion, en prenant garde de ne pas réveiller l'adolescente. Il ralentit le débit du goutte-à-goutte.

« Elle n'a plus besoin d'être réhydratée aussi vite », expliqua-t-il à Jean de Dieu, qui suivait les moindres gestes du jeune pédiatre.

Puis il fit rapidement le tour des autres malades. La réhydratation par voie intraveineuse avait un effet quasi miraculeux sur ces corps desséchés.

Sa trousse médicale à la main, il s'apprêtait à sortir, quand son regard s'arrêta sur un grand jerricane d'eau :

« Moi aussi, je me déshydrate. »

Il saisit un gobelet d'une main et le bidon de l'autre.

« Non, pas ça! s'écria le Rwandais en lui arrachant pratiquement le jerricane des mains.

— Pourquoi donc?

— Euh... Cette eau n'est pas pour toi. Je vais te chercher de l'eau minérale.

— Mais celle-ci me va très bien. Elle est purifiée, tu sais. Elle vient de la citerne. »

Ludo allait s'en verser une rasade lorsque son camarade s'interposa à nouveau. Une lueur de panique se lisait dans ses yeux.

« Mais que crains-tu à la fin ! s'exclama Ludo.

— L'eau... elle... elle est empoisonnée, lui répondit Jean de Dieu d'une voix tremblante.

— Comment ça, empoisonnée ? Et par qui ?

— Par... Eh bien par les Tutsis.

— Ah bon ! Et comment sais-tu ça ?

— On dit... tout le monde dit ça dans le camp... Les malades, c'est de la faute du FPR. »

Le logisticien parlait avec une grande nervosité, sans jamais regarder Ludo dans les yeux.

« Encore une rumeur pour discréditer l'armée tutsie », se dit le jeune médecin.

Il décida de passer outre ses recommandations, pour prouver au Rwandais qu'il s'agissait d'une fausse information... puis se ravisa.

« Je n'ai pas le droit de prendre le moindre risque, pensa-t-il. Trop de malades ont besoin de moi... »

Il remplit un flacon d'un litre, le ferma et le prit sous le bras.

« Je vais faire analyser cette eau », expliqua-t-il à Jean de Dieu, avant de retourner soigner Phinéas.

Dans le doute, il demanda à Félicité de distribuer uniquement de l'eau minérale tant que la rumeur ne serait pas éclaircie.

Les heures d'attente jusqu'aux résultats du laboratoire promettaient d'être longues...

8

La piste zaïroise

Une grande ride barrait le front du capitaine Le Fur, penché sur une table encombrée de tubes en verre et de flacons de réactifs.

« C'est bien un empoisonnement », déclara-t-il.

Prune et Ludo venaient d'arriver, après une nuit blanche passée auprès des malades.

« Un empoisonnement ! » s'exclamèrent les deux amis.

Même proches les uns des autres, ils étaient obligés de parler fort pour couvrir le bruit assourdissant des moteurs qui pompaient en permanence l'eau du lac Kivu, à quelques dizaines de mètres. Les militaires chargés de surveiller les différentes étapes de l'épuration portaient d'ailleurs un casque sur les oreilles afin de protéger leurs tympans.

Le parachutiste français pointa le doigt sur les feuilles contenant le résultat des analyses :

« Les conclusions de nos experts sont formelles. Les échantillons de sang et d'eau recueillis dans votre centre de soins contiennent une infime dose de cyanure... De quoi rendre malade, sans tuer. »

Ludo frappa la paume de sa main droite contre la table en agitant ses boucles dorées.

« Jean de Dieu avait raison. L'eau est empoisonnée !

— Qui peut avoir intérêt à faire ça? demanda Prune.

— C'est bien le problème, fit le capitaine.

— La rumeur accuse le FPR, rappela le jeune pédiatre.

— Ce serait le plus logique... mais le plus improbable. D'abord parce que le gouvernement tutsi multiplie les signes de bonne volonté pour inciter les Hutus à rentrer au Rwanda. Ce n'est pas le moment de les empoisonner. Ensuite... regardez. »

Jean-Luc Le Fur déplia une carte d'état-major. Les emplacements des camps de réfugiés proches de Goma étaient indiqués au feutre rouge.

« La frontière avec le Rwanda est à une dizaine de kilomètres, et la région est truffée de militaires zaïrois et hutus. Je ne vois vraiment pas comment le FPR pourrait venir empoisonner l'eau en territoire ennemi.

— Restent les Zaïrois, souligna Prune.

— Ça me semble beaucoup plus plausible.

— Quel est leur intérêt? demanda Ludo. Les Hutus sont pour eux comme des frères, non?

— C'est vrai, les réfugiés ont été accueillis à bras ouverts. Mais leur afflux a désorganisé toute l'économie locale... et provoqué une épidémie qui menace maintenant les habitants de Goma! De plus en plus de voix réclament le départ des Rwandais. Alors, pourquoi ne pas empoisonner leur eau?

— Et ça se ferait où? interrogea la jeune fille.

— Pas ici en tout cas. »

Le parachutiste français désigna la dizaine d'énormes ballons en toile vert kaki éparpillés tout autour et reliés entre eux par d'imposants tuyaux.

« Une fois pompée, l'eau passe par tous ces filtres. Puis elle transite par un réservoir de 15 000 litres, où elle est purifiée avec du chlore. Enfin, elle est contrôlée par notre laboratoire avant d'être versée dans un camion-citerne. Jusque-là, l'eau est pure, je peux le garantir.

— Elle est donc empoisonnée dans les camps, avança Prune.

— Plutôt durant le trajet, affirma Jean-Luc Le Fur. C'est plus discret et les occasions ne manquent pas... De plus, les chauffeurs sont zaïrois !

— Tout concorde, mais nous n'avons aucune preuve », fit remarquer Ludo.

Le capitaine semblait contrarié :

« Avec mon mandat de force internationale des Nations unies, je n'ai pas le droit d'intervenir directement dans des affaires impliquant des Zaïrois. Je peux seulement faire pression sur les autorités locales pour qu'elles démasquent les coupables...

— Et pourquoi ne pas rencontrer aussi des responsables tutsis ? demanda Prune. Ils ont peut-être une idée là-dessus.

— Très juste ! Je dois rencontrer un de leurs chargés de mission cet après-midi pour évoquer le problème du retour des réfugiés. Je lui glisserai un mot de l'empoisonnement.

— Ah bon, cet après-midi ! Et où ça ? s'enquit Prune.

— Dans un hôtel situé juste de l'autre côté de la frontière, à Gisenyi. Mais c'est totalement secret. »

La jeune fille planta ses yeux vairons, l'un bleu et l'autre vert, dans ceux du parachutiste :

« Je peux venir ? »

Une fois de plus, ce sans-gêne fit sursauter Ludo. Pourtant, le militaire français accepta la compagnie de la belle photographe... avec même un plaisir manifeste !

Les deux amis avaient quitté la station d'épuration pour reprendre la route du camp de Mugunga, dans le 4 × 4 avec chauffeur loué par l'UMI. Le véhicule slalomait à grand renfort de coups de klaxon entre les groupes de réfugiés qui encombraient la route. Ils étaient chargés de jerricanes d'eau, de branchages pour le feu et, plus rarement, de haricots rouges ou de biscuits secs.

Ludo à la place du passager et Prune sur la banquette arrière contemplaient sans un mot ces corps décharnés, épuisés. Certains tenaient à peine debout.

Soudain, à la sortie d'un tournant, un énorme camion-citerne déboucha face à eux, occupant toute la route. Impossible de se croiser. Le chauffeur de l'UMI donna un coup de volant sur la droite, au risque d'écraser une femme portant un jerricane d'eau en équilibre sur la tête. Le 4 × 4 fit une embardée sur la terre et finit par s'arrêter à moins d'un mètre de la jeune réfugiée. Fatigue ou fatalisme, cette dernière n'avait même pas réagi.

L'énorme masse métallique du poids lourd passa en les frôlant.

« Dire que la citerne contenait peut-être de l'eau empoisonnée », soupira la jeune photographe.

Elle enrageait de ne pouvoir démasquer tout de suite les coupables et mettre fin à leurs méfaits :

« Le Fur nous a au moins donné une bonne nouvelle.

— Laquelle ?

— La vie des malades n'est pas en danger.

— Ce n'est pas une raison pour les laisser s'intoxiquer en buvant l'eau de la citerne !

— Tout à fait d'accord. On va demander à Christian de faire une razzia sur l'eau minérale. »

Sur l'avenue Mobutu, nom du Président à vie du Zaïre, une pancarte de plusieurs mètres indiquait : *Coopérative de l'Espoir — Tout va bien.*

« C'est là », dit Christian en rangeant sa camionnette 4 × 4 le long du trottoir.

Comme convenu avec Ludo moins d'une heure auparavant, le logisticien était retourné dans la ville de Goma pour acheter de l'eau minérale en grande quantité. Prune l'accompagnait.

« Voilà au moins des gens optimistes ! s'exclama Prune en lisant l'inscription peinte à la main.

— Ils peuvent l'être ! Devine à qui appartient ce magasin.

— Comment le saurais-je ?

— A notre ami Amadou, répondit Christian d'un ton ironique.

— Celui qui a doublé ses prix pour décharger notre avion ?... On va ailleurs ! » décréta la jeune femme en refermant la portière qu'elle venait d'ouvrir.

Sa mine contrariée fit rire le logisticien.

« Si au moins on avait le choix ! Mais c'est le seul endroit de la ville où on peut se procurer de l'eau minérale en grande quantité... Allez, viens ! La santé passe avant la rancœur.

— J'espère au moins qu'il ne sera pas là », maugréa Prune en descendant de la camionnette.

A l'intérieur de la coopérative, de l'autre côté d'un immense comptoir en Formica jaunâtre, les cartons s'empilaient jusqu'au plafond.

« S'il vous plaît ? appela le jeune homme.

— On ne peut pas dire qu'il ait investi dans la décoration », murmura son amie.

Une démarche lourde se fit entendre, assourdie par un mur de cartons. La personne surgit soudain sous la lumière blafarde des néons... Prune frissonna. Derrière le comptoir venait d'apparaître la face ronde d'Amadou.

Le regard qu'elle lui jeta aurait fait peur au plus intrépide guerrier. Mais pas au Zaïrois.

« Mademoiselle la photographe, comme ça me fait plaisir de vous revoir », dit-il de sa voix aiguë.

Son visage se fendit d'un sourire adipeux, faisant ressortir son double menton. Puis il s'adressa au logisticien, visiblement habitué du lieu :

« Alors, Christian, vous venez chercher votre eau minérale ?

— Oui, mais cette fois il m'en faut beaucoup plus.

— Ah bon, et combien ?

— Cinquante cartons. »

Le commerçant humecta ses lèvres du bout de sa langue, le regard brillant de cupidité :

« Cinquante fois douze bouteilles, ça représente...

— Six cents bouteilles, interrompit Prune, pressée d'en finir.

— C'est ça, merci... ce qui vous fait, en dollars...

— 600 dollars[1], coupa Christian. Un dollar la bouteille d'un litre et demi, c'est simple ! »

Amadou prit une mine vraiment désolée :

« Ah non, ce n'est pas simple du tout.

— Et pourquoi ? demanda le logisticien.

— Parce que la demande est très forte depuis hier. Je suis obligé de me réapprovisionner au prix fort... donc de vendre plus cher, vous me comprenez ? »

Prune serra les poings.

« Encore un mensonge pour profiter de la situation », pensa-t-elle.

---

1. Un dollar = environ 5 francs.

Christian prit une grande bouffée d'air pour conserver son calme.

« Combien ? demanda-t-il.

— Pour six cents bouteilles ça vous fera... euh... 1 800 dollars ! »

Le logisticien en eut le souffle coupé.

« Quoi ? 3 dollars la bouteille d'eau, ça ne s'est jamais vu ! s'exclama Prune, horrifiée.

— Si... ici, laissa tomber Amadou sans se décontenancer.

— Mais vous vous rendez compte que vous avez triplé les prix du jour au lendemain !

— C'est le jeu de l'offre et de la demande, mademoiselle.

— En tout cas, à ce prix, ce ne sont sûrement pas vos compatriotes ni les réfugiés qui en achètent. »

Le commerçant ne répondit pas.

« Et toi, dis quelque chose », fit-elle en secouant l'épaule de son ami.

Il était tout pâle. Le coin de ses lèvres tremblait de colère.

« Sortons cinq minutes, murmura-t-il.

— A tout de suite », lança Amadou, sûr de lui.

Dehors, les deux jeunes s'assirent sur les marches de la coopérative. Christian se prit la tête entre les mains :

« Comment vais-je faire ?

— Pour quoi ?

— Pour payer le prix exigé. Je n'avais absolument pas prévu ça dans le budget de la mission. »

Prune passa son bras autour du cou du jeune métis, ce qui eut pour effet de le faire frissonner des pieds à la tête...

« Tu te souviens ce que tu m'as expliqué en entrant, répliqua son amie : on n'a pas le choix. Et on ne va quand même pas se rendre malade avec de l'eau empoisonnée !

— Non, bien sûr, souffla-t-il en essayant de dissimuler l'émoi que suscitait le moindre contact avec la belle photographe.

— Alors prends un peu moins d'eau, cinq cents bouteilles au lieu de six cents. On se restreindra tous. Et je te promets qu'on va trouver une solution d'ici un ou deux jours... Quant à vous, monsieur Amadou, vous nous le paierez... cher ! » jura-t-elle.

Elle se leva pour retourner à l'intérieur du magasin, suivie de Christian.

« Tu aurais vu la tête de Carole quand je lui ai annoncé le prix de l'eau ! dit Christian... A la place d'Amadou, j'éviterai de la croiser, même avec une armure ! »

Un peu essoufflé, le logisticien déposa le huitième carton d'eau sous la bâche où se tenaient les enfants, dans l'antenne médicale de l'UMI.

« En tout cas, l'eau minérale a eu un effet radical sur Phinéas », fit remarquer Ludo.

Accroupi devant l'enfant, il terminait juste de l'examiner.

« Tu te portes comme un charme, lui dit-il en lui pinçant affectueusement la joue.

— Au prix où est l'eau, j'espère bien qu'elle a un effet magique ! » insista Christian.

Avant d'aller poursuivre sa distribution, il jeta un coup d'œil timide à Prune. Assise au milieu des enfants, elle finissait de commenter leurs premiers clichés.

« Voilà qui confirme la piste zaïroise, lança-t-elle en se rapprochant de Ludo.

— J'y pensais justement, dit Ludo. Un homme comme Amadou a tout intérêt à créer une forte demande d'eau minérale en mettant du poison dans les camions-citernes.

— Bon, maintenant je peux aller voir Augustine ? » coupa Phinéas, en rajustant sa casquette rouge.

Le jeune pédiatre se redressa à son tour.

« Un peu plus tard : elle dort. Mais ne t'inquiète pas. Elle va beaucoup mieux. Encore deux ou trois jours comme ça et elle sera debout !

— Chic ! »

Puis son visage juvénile s'assombrit à nouveau.

« Et pour l'eau empoisonnée par les méchants, vous allez faire comment ?

— Je ne sais pas encore... mais c'est une affaire d'adultes, tu ne crois pas ? » répondit Ludo d'une voix lasse.

Les traits tirés, il commençait à ressentir l'effet de sa nuit blanche. Il attrapa une bouteille d'eau et but à même le goulot.

« Parce que moi j'ai une idée, enchaîna le garçon sans se démonter.

— Ah bon. Et quelle idée ? demanda Prune.

— Tu sais, je suis petit et je pourrais me cacher quelque part dans un camion-citerne. Comme ça, je verrais bien où il s'arrête et qui met le poison dedans. »

Phinéas s'était recroquevillé pour mieux mimer la scène.

Prune éclata de rire.

« Quel comédien ! dit Ludo... Mais c'est beaucoup trop dangereux. Et si on te trouvait ?

— Ce n'est pas grave, reprit la petite voix. Je suis un enfant et personne ne se méfiera de moi. Je dirai que je cherchais à rejoindre le camp sans me fatiguer !

— Non... coupa Ludo.

— Et pourquoi pas? » s'exclama Prune.

Elle entraîna son ami à quelques mètres de la bâche.

« Son idée n'est pas mauvaise du tout, murmura-t-elle. En tout cas, c'est notre seule chance de démasquer rapidement les coupables. Je te rappelle qu'il s'agit d'éviter des centaines d'autres malades. »

Ludo cala son menton dans une main, avant de déclarer :

« C'est peut-être la seule solution... mais j'ai peur pour le petit. »

9

Triste fin pour Phinéas

« A mon avis, l'eau est empoisonnée par les miliciens Interahamwes eux-mêmes. »

Des Hutus qui empoisonnent des Hutus!... Prune et le capitaine Le Fur s'attendaient à tout, sauf à cette hypothèse.

L'homme qui venait de faire cette étrange suggestion portait une barbe poivre et sel taillée en pointe, aussi crépue que ses cheveux. Ses yeux rougis soulignés par deux cernes profonds et les grandes rides qui lui barraient le front témoignaient d'une fatigue extrême. Il faut dire que le docteur Théodore avait une responsabilité écrasante. Tutsi, membre du nouveau gouvernement rwandais, il était chargé du retour des réfugiés : trois millions de personnes actuellement en exil, soit la moitié de la population du pays!

« Je ne vois pas très bien pourquoi des miliciens hutus auraient intérêt à empoisonner leur propre peuple! demanda le capitaine Le Fur.

— Vous me demandez pourquoi? » s'exclama le barbu en se redressant.

Dans sa fougue, il renversa la chaise en velours ocre sur laquelle il était assis, vestige de ce qui avait fait le luxe de cet hôtel Méridien avant la guerre. Car la ville de Gisenyi, à la frontière du Rwanda, n'avait pas été épargnée par les pillages.

Le docteur Théodore se mit à marcher fébrilement dans le salon de sa suite, située à l'avant-dernier étage de cet immeuble moderne, sans doute pour se protéger d'éventuels tireurs embusqués à l'extérieur. Les tissus ocres et dorés qui ornaient le mur pendaient lamentablement par endroits. Et les épais rideaux en velours, en partie déchirés eux aussi, restaient tirés en permanence : une précaution supplémentaire. Car ce Tutsi était l'un des hommes les plus haïs par les militaires hutus, justement parce qu'il incitait les réfugiés à rentrer chez eux. C'était un homme de paix et de dialogue.

« C'est pourtant évident ! ajouta-t-il. Quelle rumeur circule actuellement dans les camps ? Vous venez de me le confirmer.

— L'eau serait empoisonnée par le FPR, rappela Prune, assise à gauche du capitaine autour d'une table en marbre.

— Et quelle conséquence a cette rumeur ?

— Les réfugiés vont avoir encore plus peur et ils ressentiront encore plus de haine à l'égard des Tutsis.

— Bien raisonné, mademoiselle. Au lieu de faire fuir les réfugiés, cette eau empoisonnée va encore plus les dissuader de rentrer. Et à votre avis, qui a intérêt à cela ? »

Cette fois, Le Fur prit la parole :

« Ni votre gouvernement, puisque vous cherchez à faire rentrer les réfugiés, ni les Zaïrois qui supportent de moins en moins leur présence... Effectivement, les extrémistes hutus semblent les seuls à y trouver leur intérêt. Mais avez-vous des preuves, docteur ? »

Le docteur Théodore se rassit autour de la table en rajustant sa cravate à carreaux gris-bleu sur sa chemise à manches courtes bleu vif.

« Hélas ! non. C'est une simple déduction.

— Nous en sommes donc au même point... avec une piste supplémentaire, soupira le capitaine. Mais toujours sans aucune preuve pour dénoncer les coupables !

— J'ai peut-être une solution, lui glissa Prune à l'oreille... Mais je préfère t'en parler dans la voiture, au retour.

— En tout cas, ce stratagème n'est pas nouveau, précisa le docteur Théodore en se lissant la barbe. Les miliciens Interahamwes sont passés maîtres dans l'art de la désinformation.

— Et si on organisait une action symbolique pour aller à l'encontre de cette rumeur ? proposa la belle photographe.

— Quoi donc ? » demanda le docteur Théodore.

Prune résuma la rencontre des enfants sans parents, leur prise en charge dans le centre de soins de l'UMI, les efforts du colonel Javan pour retrouver la jeune Tutsie qui se cachait parmi eux... Elle exposa ensuite son projet de faire élever ces enfants par des mamans adoptives, parrainées par des donateurs français, le tout dans un village au Rwanda.

« Excellente idée ! jubila le docteur Théodore. Je vais faire rénover un village dont les habitants ont été massacrés, et je le mettrai à votre disposition, disons... d'ici un mois et demi. Ça vous va ?

— Je ne doute pas de votre bonne foi, répondit Le Fur, mais je voudrais dans votre intérêt et dans celui des enfants que toutes les précautions soient prises.

— Mais c'est évident, capitaine !

— Vous savez comme moi que certains Tutsis se sont vengés sur des Hutus. Je préférerais que ce village soit situé non loin de la frontière. Ils pourraient ainsi plus facilement repasser au Zaïre, en cas de nouvelle flambée de haine et de violence ! »

Le docteur Théodore, emballé par le projet, accorda facilement ce que désirait Le Fur.

« Votre idée me tient à cœur pour plusieurs raisons, reconnut-il. D'abord, le retour de ces enfants hutus avec le soutien de notre gouvernement aura une valeur symbolique, celle de la réconciliation entre nos deux peuples. Mais il y a aussi une motivation plus personnelle. »

Le Rwandais inspira longuement, visiblement ému :

« J'avais une fille. Le jour où ma femme a été tuée par des miliciens, elle a réussi à prendre la fuite. Enfin, je crois, car je n'étais pas à la maison... Je ne l'ai jamais revue. Si par hasard ma fille est encore en vie, j'espère qu'elle aura, elle aussi, la chance de tomber sur une maman adoptive... »

L'air du petit matin donnait la chair de poule à Prune, vêtue, comme chaque jour, d'un jean, d'un T-shirt et de son éternel gilet multipoches de reporter. Un vent frais venait du lac Kivu et le ciel, jusqu'alors si bleu, s'était chargé de nuages grisâtres. La saison des pluies approchait, ce qui risquait de relancer l'épidémie de dysenterie.

« C'est dans ce grand camion-citerne que je vais me cacher ! » s'exclama Phinéas, tout excité par sa périlleuse mission.

Il désignait l'énorme poids lourd garé non loin, à l'entrée de la station d'épuration de l'armée française.

« Oui, mais ne te fais pas remarquer tant que le chauffeur est là », recommanda son amie en l'attrapant par le bras.

Tous deux étaient dissimulés sous une grande tente kaki, où étaient alignés les lits de camp des militaires français... déjà tous vides malgré l'heure matinale !

La veille, Prune avait fini par convaincre le capitaine Le Fur du stratagème proposé par Phinéas. Mais il lui avait fallu les 40 kilomètres séparant Gisenyi de Goma... et tout son charme, pour venir à bout des réticences du militaire français. Il était peu habitué à confier autant de responsabilités à un enfant.

Le Fur s'approcha du chauffeur zaïrois et lui désigna un groupe d'hommes en train de transporter des caisses. Ce dernier s'éloigna dans leur direction sans se faire prier.

Le parachutiste fit alors un signe de la main à l'adresse de Prune et Phinéas, qui le rejoignirent.

« Placez-vous de ce côté, recommanda le capitaine. On n'aura aucune chance de vous apercevoir. »

Il les entraîna près de l'énorme camion-citerne en train d'être rempli d'eau potable.

« Bon, on a 10 minutes devant nous.

— Qu'as-tu dit au chauffeur pour l'éloigner aussi facilement ? demanda Prune.

— C'est très simple. Je lui ai proposé d'aider mes hommes à décharger des caisses de nourriture, en échange d'une bière... Je connais ses points faibles ! Maintenant, voilà ce que j'ai imaginé. »

Il désigna l'énorme remorque du camion :

« La citerne est segmentée en six cuves indépendantes. Chacune se remplit par une ouverture, en haut, fermée par un bouchon métallique. Tout à l'heure, l'un de mes hommes a discrètement faussé le dernier de ces bouchons, au moment où il plaçait les tuyaux de remplissage d'eau. Avec le chauffeur, ils ont décidé de laisser cette dernière cuve vide et de la réparer cet après-midi. C'est là que tu vas te dissimuler, Phinéas. »

Le garçon hochait du chef avec un air connaisseur :

« La cachette est très bonne... Mais comment vais-je surveiller ce qui se passe au-dehors ?

— J'y viens. Le bouchon a été coincé de façon à rester entrouvert à 45° . J'y ai fait fixer un miroir qui te permettra de surveiller discrètement les alentours sans mettre le nez dehors. Pas vu, pas pris ! »

L'enfant battit des mains.

« Allez, il est temps de te dissimuler, enchaîna le militaire... Mais je te recommande de ne prendre aucun risque. Tu auras en face de toi des hommes prêts à tout pour garder leur action secrète... même à tuer un enfant. Compris ?

— Compris, fit Phinéas en plaçant sa main ouverte contre sa casquette rouge, au garde-à-vous... Mais comment monte-t-on là-dedans ?

— Par la trappe de vidange située en dessous.

— Cette cuve est plutôt grande, il me semble, dit Prune.

— Elle est prévue pour contenir 400 litres, répondit le capitaine.

— On peut donc s'y cacher à deux.

— Pourquoi ? Tu ne veux pas...

— Si, je l'accompagne.

— Écoute, Prune... dit le militaire en saisissant la photographe par les deux épaules.

— Ma décision est prise. S'il y avait tant de risques que ça, tu n'aurais pas accepté pour Phinéas non plus !

— Mais...

— N'insiste pas. Le chauffeur ne va pas tarder à revenir. Montre-nous plutôt la trappe de vidange ! »

La jeune femme se dressa sur la pointe des pieds pour poser un baiser sur la joue du capitaine.

« Alors, c'est vrai, tu viens avec moi ! s'exclama Phinéas en saisissant la main de son amie.

— Tu vas voir, à nous deux, on va les démasquer, ces empoisonneurs. »

Puis elle se tourna vers le capitaine :

« Au fait, tu m'as bien dit que ce camion allait ravitailler le camp de Mugunga ?

— Affirmatif.

— Pourrais-tu demander à Ludo de nous prévenir, une fois arrivés à destination, du moment le plus propice pour sortir du camion sans se faire remarquer ?

— Accordé... puisque je n'ai pas mon mot à dire. »

Résigné, Le Fur rampa sous le camion, suivi de Prune et Phinéas. Tous trois avaient la gorge serrée. Jusqu'où cette aventure allait-elle les mener ?

« A ton avis, on est dans quelle rue ? demanda Phinéas.

— Comment veux-tu que je devine, dans ce trou noir ? répondit Prune. D'après mon calcul, on devrait déjà être sur l'avenue Mobutu. »

Le camion avait quitté depuis quelques minutes la station d'épuration. Plongés dans une quasi-obscurité, Prune et Phinéas en étaient réduits à faire des suppositions. Tassés l'un contre l'autre, la place était plutôt réduite au fond de la cuve humide et froide.

« On pourrait peut-être essayer de faire fonctionner le miroir ? suggéra la jeune photographe.

— Très bonne idée... tu me laisses en premier ?

— A toi l'honneur. »

Coincée dans ce cercueil ambulant, Prune commençait à mesurer la folie de cette aventure et le bien-fondé des craintes du capitaine. Mais il était trop tard pour reculer. Et elle ne voulait surtout pas inquiéter son trop jeune complice.

Phinéas grimpa les quelques marches de l'échelle de métal fixée à la paroi de la citerne. D'une main, il orienta le petit miroir fixé sous le bouchon entrouvert.

« C'est génial ! s'écria-t-il. Je peux voir tout autour en bougeant la glace. »

Sa voix résonnait dans la cuve.

La jeune fille s'était relevée pour suivre l'opération et rattraper son ami s'il trébuchait.

« Alors, où est-on ? demanda-t-elle... Mais s'il te plaît, parle moins fort. Tu vas finir par nous faire remarquer.

— On est bien avenue Mobutu, presque à la sortie de la ville... Tiens, on vient juste de passer devant la coopérative d'Amadou ! »

Phinéas s'amusa encore un moment à observer les environs. Il allait redescendre de son perchoir lorsque le camion ralentit et entra dans une station-service Elf, reconnaissable à son enseigne géométrique bleu-blanc-rouge.

« On s'arrête pour faire le plein », commenta-t-il.

La station était déserte, en dehors d'un superbe 4 × 4 Nissan flambant neuf, le long duquel venait de se ranger le poids lourd.

« Je vois le chauffeur descendre, chuchota le garçon... Tiens, il s'approche de la voiture. Quelqu'un lui remet deux sacs en papier ?

— Qui ça ?

— Je ne le distingue pas bien... Attends, il penche la tête par la portière... Mais c'est Amadou !

— Tu es sûr ?

— Certain... Chut ! »

Phinéas colla une oreille contre le bouchon, le plus près possible de l'extérieur. Peu de temps après, le moteur du camion se remit en marche... sans avoir fait le plein !

« Alors ? s'impatientait Prune.

— Amadou a dit au chauffeur : "40 000 pour toi et 400 000 pour le chef, comme prévu..." Il parlait de quoi ? »

Phinéas redescendit de l'échelle.

« Il s'agit sûrement de nouveaux zaïres[1], supposa Prune... Amadou est impliqué dans cette affaire. Je m'en doutais !

— Et le chef, c'est qui ?

— Ça, on l'apprendra au prochain arrêt... C'est sans doute celui qui empoisonne l'eau ! »

Pour éviter les milliers de réfugiés, charrettes et autres véhicules en tous genres qui encombraient la route de Mugunga, le chauffeur avait préféré faire un petit détour. Il avait emprunté la voie qui longeait le lac Vert, où trônait le palais Mobutu, l'un des nombreux dont le Président à vie du Zaïre disposait dans tout le pays.

Le camion-citerne roulait régulièrement depuis une quinzaine de minutes. Soudain, Prune et Phinéas sentirent qu'il changeait de direction, presque sans ralentir. Ils encaissèrent aussitôt une série de secousses.

« On a quitté la route ! s'exclama Prune. Ce n'est pas normal. »

En trois bonds, le garçon était déjà en haut de son perchoir. Il fit pivoter le miroir.

« On est sur un chemin, constata-t-il.

— Merci, je l'aurais deviné ! »

Le chauffeur passait à vive allure sur les creux et les bosses de la piste. Phinéas devait s'agripper à l'échelle pour ne pas tomber.

---

1. Monnaie du pays : 170 nouveaux zaïres valaient, à cette époque, un franc.

Tout à coup, Prune eut l'impression de rebondir comme une balle de tennis. Déséquilibrée, elle fut projetée contre la paroi avant. Au même moment, elle entendit un bruit de ferraille suivi d'un craquement, puis d'une explosion de verre à ses pieds. L'obscurité était devenue totale.

« Phinéas, tu es tombé ?

— Non, je me suis rattrapé. Mais le bouchon s'est refermé... Qu'est-ce qui s'est passé ?

— Le camion a dû rouler dans un nid-de-poule, sans ralentir.

— Je vais essayer de rouvrir le bouchon. Mais je n'y vois rien !

— Attends, j'ai une lampe de poche. La voilà ! »

Prune brandit sa torche hors de son gilet multipoches et l'alluma. En balayant le sol, elle vit une multitude de petits carrés de lumière. Son cœur fit un bond :

« J'ai l'impression que le miroir s'est brisé.

— Passe-moi la lampe. »

Une rapide inspection du garçon confirma les craintes de son amie.

« La glace s'est décrochée. Je n'arrive même plus à ouvrir le bouchon. Comment va-t-on faire ?

— Je n'en sais rien. Descends. Il faut réfléchir. »

Ils s'assirent, en prenant garde de bien dégager les bouts de verre.

« Nous n'avons pas reçu le miroir sur la tête, c'est déjà ça, remarqua Prune.

— On ralentit !

— Tu as raison. »

Le camion-citerne s'arrêta même totalement. Deux personnes s'étaient mises à discuter, mais leurs voix étaient inaudibles.

« Ce n'est pas comme ça qu'on saura qui empoisonne l'eau, pesta Phinéas.

— Que veux-tu faire de plus ?

— Sortir.

— Pas question, dit Prune. Si on nous surprend, on nous tuera.

— Toi oui. Pas moi. Je suis petit. Je vais rester sous le camion, entre les roues. Et puis un enfant...

— Je connais ta rengaine.

— Tu y as cru pourtant puisque tu étais prête à me laisser partir seul.

— C'est vrai... »

Prune analysa rapidement la situation : s'ils ne tentaient rien, leur présence était inutile. Et ils ne pourraient pas, demain, prétexter un nouvel incident pour laisser une autre cuve vide ! Il fallait donc agir... ou plutôt laisser agir Phinéas.

« D'accord, mais tu restes bien sous le camion.

— N'aie pas peur. »

La jeune femme déverrouilla lentement la trappe, en prenant garde de ne faire aucun bruit. Puis le garçon se laissa tomber doucement sur le sol et rampa sous le camion.

Le cœur de Prune battait à tout rompre. Elle n'aurait jamais dû laisser sortir Phinéas... Et si on le surprenait ? Et si le camion redémarrait pendant qu'il était en dessous ?

Soudain, son sang se glaça. Elle venait d'entendre des menaces, des cris. Elle tenta de se rassurer... Une rafale de mitraillette crépita, confirmant ses pires inquiétudes. L'oreille collée contre la paroi métallique, Prune sentait chaque balle transpercer son cœur comme elle transperçait sans doute le corps du pauvre garçon...

10

Augustine a disparu !

Christian gara la camionnette 4 × 4 le long des bâches bleues délimitant l'antenne médicale. Un drapeau aux couleurs de l'UMI, posé la veille par ses soins, flottait maintenant au-dessus de l'antenne médicale.

« Terminus, tout le monde descend », annonça le métis.

Tout le monde, c'est-à-dire Delphine, Ludovic et lui-même. Le reste de l'équipe n'allait pas tarder à arriver, dans un vieux minibus Toyota conduit par Carole.

Tous les bénévoles français avaient dû évacuer le camp de Mugunga pour la nuit. Cette mesure de sécurité avait été imposée par le capitaine Le Fur, inquiet des menaces proférées par le colonel Javan. Les malades avaient donc été confiés à une équipe de médecins et d'infirmiers locaux, recrutés et formés au traitement de la dysenterie.

A l'intérieur du centre de soins, l'effervescence des premiers jours semblait être légèrement retombée. Les malades avaient désormais tous une place sous les grandes tentes blanches.

« Je viens avec toi dire bonjour aux enfants, fit Delphine.

— Bien, répondit Ludo.

— Décidément, tu es peu loquace ce matin ! »

Depuis leur départ du Q.G. de l'UMI, au bord du lac Kivu, Ludo n'avait pas dû prononcer plus de quatre mots.

« Tu as des soucis? s'inquiéta l'infirmière.

— Non. Je dois être un peu fatigué, c'est tout. »

En fait, le jeune pédiatre était préoccupé par l'aventure dans laquelle s'étaient lancés Prune et Phinéas. Mais il ne voulait pas inquiéter Delphine, dont il connaissait la sensibilité et l'attachement à la jeune photographe.

« Je vais faire le tour des malades », précisa-t-il en arrivant dans la partie du centre de soins réservée à leurs petits protégés.

Delphine se dirigea vers la bâche sous laquelle dormaient les autres enfants.

« Tiens, Jean de Dieu a encore déserté son poste », pensa Ludo en écartant l'épaisse toile blanche de la tente.

Une surprise de taille l'attendait à l'intérieur. Le corps du logisticien rwandais était allongé en travers, bâillonné et attaché avec une corde, à même le sol. En un coup d'œil, le jeune médecin vit que les lits des enfants malades étaient vides... y compris celui d'Augustine !

Il s'agenouilla près de Jean de Dieu, dont les yeux écarquillés semblaient vouloir lui parler. Fébrilement, il défit son bâillon.

« Ils sont arrivés à l'aube, dit le logisticien dans un souffle. Ils m'ont assommé... et je me suis réveillé là, ligoté.

— Et les enfants? demanda le pédiatre en enlevant ses derniers liens.

— Je ne sais. J'ai...

— Ludo ! Au secours ! »

C'était la voix de Delphine. Le jeune homme se leva. Sans attendre la réponse du logisticien, il se précipita dehors et courut sous la bâche.

L'infirmière était en train de détacher Félicité. Elle avait subi le même sort que Jean de Dieu. Là aussi, les enfants avaient disparu !

« Qu'est-ce qui s'est passé ? demanda Ludo en secouant les épaules de l'institutrice rwandaise... Où sont les enfants ?

— Je n'ai rien vu, les agresseurs étaient masqués. Là-bas aussi ? »

D'une main tremblante, Félicité désignait la tente d'où venait le jeune homme.

« Oui, ils ont été enlevés... Tous, y compris Augustine ! »

L'Africaine prit son visage entre ses mains et se mit à sangloter.

« Mon Dieu. C'est de ma faute. J'aurais dû...

— Mais non, tu n'y pouvais rien », la rassura Delphine.

D'une main, elle caressait les longs et épais cheveux de l'institutrice, un peu échevelés. De l'autre, elle tenait les lunettes de Félicité, retrouvées par terre, intactes.

Jean de Dieu entra en baissant la tête.

« Ah, ici aussi, dit-il en constatant l'absence des enfants.

— Ici aussi, répondit Ludo d'une voix sourde.

— Les médicaments ont été volés, prévint le logisticien.

— Décidément, Augustine, les enfants, les médicaments, c'est signé ! » rugit le jeune pédiatre.

Fou de colère et d'inquiétude, il donna un coup de

poing dans la bâche, comme s'il s'agissait d'un adversaire.

« Tu veux la guerre, Javan, tu vas l'avoir, je te le promets ! »

Quand et comment il allait riposter ?... Ça, il n'en avait aucune idée. Il savait seulement qu'il fallait retrouver Augustine de toute urgence. Sans traitement, même pendant vingt-quatre heures, elle était en danger de mort.

Debout, le front collé contre la paroi de métal, Prune se sentait brûler de l'intérieur, comme si son cœur avait pris feu. Sans même s'en rendre compte, elle serrait les poings jusqu'à se rentrer les ongles dans la peau.

La reconstitution des minutes précédentes était, hélas ! claire : Phinéas avait été surpris... et sans doute tué à bout portant, comme un vulgaire gibier !

Le camion venait de reprendre sa route, dans la même direction. Pas pour longtemps ! Il ne tarda pas à s'immobiliser à nouveau.

Cette fois, il y avait plus de monde autour. De sa cachette, la jeune photographe entendait distinctement des pas se rapprocher. Un par un, les bouchons métalliques étaient ouverts. Du liquide était versé dans chaque cuve... On était en train d'empoisonner l'eau !

Ironie du destin, Prune n'avait aucun moyen de savoir qui était responsable de cet empoisonnement. Car si elle sortait, elle avait toutes les chances de subir le même sort que Phinéas. Leur stratagème et la fin tragique de l'enfant n'avaient donc servi à rien !

Le bouchon situé au-dessus de sa tête grinça. On essayait de l'ouvrir. Le chauffeur avait oublié de préciser que cette cuve était vide.

Soudain, le mécanisme céda avec un bruit de ferraille. Prune fut éblouie par le faisceau de lumière qui envahit l'habitacle.

« Dans quelques secondes, je vais recevoir le poison non dilué sur la tête », pensa-t-elle.

Ce traitement risquait de lui être fatal, elle le savait. Mais elle ne tenta même pas de se protéger : la mort de Phinéas l'avait rendue insensible à son propre sort. Encore sous le choc, elle n'avait pas la force de réagir.

« Pas cette cuve, elle est vide. »

Le bouchon retomba avec fracas, replongeant la jeune photographe dans une obscurité totale.

Sans le vouloir, le chauffeur venait de lui sauver la vie.

Le camion-citerne redémarra, fit demi-tour, et repartit sur une piste, sans doute la même, pour rebrousser chemin.

Malmenée par les cahots de la route, Prune sentit peu à peu sa douleur se transformer en haine.

« Il faut que je m'en sorte pour démasquer les coupables, se jura-t-elle. De cette façon, Phinéas sera vengé ! »

Le poids lourd finit par retrouver un terrain plat. Après une vingtaine de minutes, il ralentit, puis quitta à nouveau la route pour un chemin en côte. Tout autour des voix se faisaient entendre.

« C'est sans doute la montée qui mène au camp de Mugunga », supposa la jeune femme.

Le camion stoppa en haut de la côte. Prune reconnut le crissement métallique des tuyaux que l'on visse sur la citerne, suivi du bruit de l'eau qui s'évacue.

« On est en train de remplir le réservoir du centre de soins », estima-t-elle.

Impatiente de quitter ce cachot de métal et d'agir,

elle n'attendait que le signal de Ludo pour se jeter dehors... Mais ce signal tardait. Déjà, elle entendait que l'on démontait les tuyaux de vidange pour repartir plus loin. Le moteur du camion se remit en marche.

« Mais il se moque de moi ! » maugréa-t-elle, folle de rage.

Sans réfléchir, elle fit coulisser la trappe sous elle et se laissa glisser au sol. Au même moment, le camion démarra. Déséquilibrée, Prune tomba dans la boue, son sac photo toujours accroché à une main. Du coin de l'œil, elle aperçut la double rangée de pneus arrière-gauches avancer sur elle, lentement mais sûrement, juste à la hauteur de sa tête.

Dans une seconde, elle allait être broyée par les énormes roues. Cette fois, c'était la fin.

11

Un traître à l'UMI !

Sa colère passée, Ludo se raisonna : on ne pouvait pas accuser le colonel Javan sur de simples suppositions. Il fallait au moins une preuve qui confirme la piste du milicien... et le renseigne sur l'endroit où les enfants pouvaient être séquestrés.

Pour l'instant, les indices étaient maigres : près de la marmite, Félicité avait relevé des traces de rangers, chaussures portées par les militaires. Delphine et Jean de Dieu avaient passé la tente au peigne fin, en vain. Carole et Christian avaient retrouvé un mégot de cigarette dans la réserve où avaient été dérobés les médicaments : pas de quoi renseigner un Sherlock Holmes... surtout quand les détectives en question sont des humanitaires ! Quant à Ludo, il avait mis sens dessus dessous les affaires abandonnées par les enfants sous la bâche... sans succès !

Le jeune pédiatre s'adossa contre un des piquets en bois qui soutenaient l'enceinte de l'antenne médicale. Il passa une main dans ses boucles :

« De quel côté chercher Augustine ? Il faut faire vite. Sans traitement médical, elle risque de mourir. »

Cette pensée l'obsédait. Delphine s'approcha doucement et vit la mine contrariée du jeune homme :

« Toujours rien, je suppose ?
— Rien. »
Elle posa son front contre l'épaule de son ami et soupira :
« Ces pauvres enfants. Ils avaient bien raison de se méfier des adultes. »
Un peu déséquilibré par le poids de la petite infirmière brune, Ludo recula et sentit comme un pavé sous son pied, mais en beaucoup plus léger :
« Tiens, c'est étrange.
— Quoi ?
— Là, sous la bâche... Attends. »
Il se pencha, passa un bras sous la toile... et en sortit l'un des appareils Polaroïds prêté par Prune.
« Un enfant a dû le cacher là, fit remarquer Delphine.
— Peut-être à cause de cette photo ! »
Ludo détacha le cliché du bas de l'appareil et enleva la feuille de protection d'une main fébrile.
« Alors ? demanda la jeune femme en se haussant sur la pointe des pieds.
— Regarde, on voit un militaire en treillis.
— Le colonel Javan ?
— Je n'en sais rien. Il est masqué.
— Et celui au premier plan, qui tend le bras ?
— Difficile. La photo n'est pas nette. On dirait... »
Ludo ne put prononcer le nom. L'accusation était trop grave.
« Qui ça ?
— Viens dehors, je veux en avoir le cœur net. »
Le cliché était très sombre pour avoir été trop longtemps en contact avec la feuille de protection. Mais une fois sortis de sous la tente, ils n'eurent plus aucun doute sur l'identité du personnage au premier plan.

« Jean de Dieu, souffla Delphine. C'est lui !
— Oui, et il montre Augustine au militaire masqué.
— La pauvre, regarde son visage. Elle a l'air terrorisée !
— Il y a de quoi ! »
L'infirmière frissonna.
« Ce traître va nous conduire jusqu'à ses alliés, dit-elle.
— J'y compte bien, mais avant d'essayer la force, tentons d'en savoir plus par ruse. »
Justement, le logisticien rwandais arrivait, accompagné de Carole et de Félicité.
« Chut, pas un mot ! » souffla Ludo en enfouissant la précieuse photo dans la poche arrière de son jean.

Prune n'eut même pas le temps de comprendre ce qui lui arrivait. Les deux énormes roues du camion étaient à 10 centimètres de son visage, sur le point de le broyer.
Au dernier moment, le chauffeur ralentit et donna un coup de klaxon, sans doute pour faire dégager un groupe de réfugiés qui encombrait la piste. L'intrépide photographe profita de cette seconde de répit pour jeter la tête en arrière et rouler sur le côté, vers le centre du camion.
Il était temps ! Déjà la double rangée de pneus était à la place qu'elle occupait l'instant d'avant. La roue intérieure frôla son crâne. Prune ressentit une vive douleur. Elle ferma les yeux... puis les rouvrit, étonnée d'être encore en vie.
Le camion s'éloignait dans un nuage de fumée noire.
Elle passa les mains sur sa tête : rien, elle était indemne, en dehors de quelques cheveux arrachés !

Elle s'assit et, tant bien que mal, enleva une partie de la boue qui maculait son visage. A ce moment, elle aperçut une centaine de paires d'yeux ébahis, braqués sur elle. Les réfugiés s'étaient arrêtés pour observer cette forme humaine et boueuse, tombée d'on ne sait où, sans savoir s'ils devaient prendre leurs jambes à leur cou ou éclater de rire.

Prune vit également, à une dizaine de mètres, l'entrée du centre de soins surmonté du drapeau de l'UMI. Très digne, elle se releva, rajusta son gilet multipoches imbibé de boue, mit son sac photo, dans le même état, sur son épaule, et se dirigea vers l'antenne médicale avec un air hautain. Les badauds s'écartaient avec crainte, comme s'il s'était agi d'une Martienne... ou d'une pestiférée !

Elle traversa le centre de soins d'un pas décidé. Elle voulait avant tout mettre la main sur le responsable de tout cela : Ludo !

Justement. Il sortait à l'instant de la partie réservée aux enfants.

En voyant s'approcher ce tas de terre ambulant, le jeune homme commença par se méfier. Puis il reconnut Prune à ses mèches auburn encore intactes, à son petit nez effronté et, surtout, à son éternel sac photo sur l'épaule.

Malgré la gravité des circonstances, il fut pris d'un fou rire.

« Bravo lâcheur. J'ai manqué mourir à cause de toi et, en plus, tu te moques !

— Désolé, c'est nerveux. Mais... mais c'est ta nouvelle tenue de camouflage », dit-il, secoué par des spasmes incontrôlables.

Il faut dire que son amie était tout à fait ridicule, les cheveux dégoulinants, le visage souillé, les vêtements collés à la peau... comme si elle avait plongé tout habillée dans un bain de boue. La réalité n'était, d'ailleurs, pas si éloignée!

« Nerveux? c'est plutôt moi qui devrais être nerveuse, je crois, râla-t-elle. Le Fur t'avait demandé de me signaler le moment où je pouvais sortir de la cuve. Je pouvais toujours attendre! Monsieur faisait sans doute le joli cœur... »

Ludo essuya ses larmes de rire avec la manche de son T-shirt et retrouva son sérieux.

« Je suis vraiment confus. Mais nous avons des problèmes... très graves. Viens voir. »

Il entraîna son amie par la main vers la zone des enfants, lui raconta leur enlèvement, la traîtrise de Jean de Dieu et son inquiétude pour Augustine.

« Carole et Félicité viennent de partir à l'ONU pour demander une enquête, conclut-il. Delphine est retournée auprès des malades. Le logisticien est dans le coin. Pour l'instant, il ne sait pas qu'il est démasqué... Et vous? »

Prune résuma leurs mésaventures. Au moment d'évoquer la fin tragique de Phinéas, elle fondit en larmes et tomba dans les bras de son ami.

« Il n'a peut-être pas été touché, fit Ludo pour la rassurer. Ou alors, il est seulement blessé.

— Que va-t-il lui arriver? Il faut que je retourne là-bas.

— Non, ce serait de la folie. S'il est encore en vie, il nous retrouvera. Il connaît la région comme sa poche.

— Si seulement tu pouvais avoir raison... Et pour les autres enfants, qu'est-ce qu'on attend?

— Une piste. Pour l'instant, on est en échec partout. Mais je compte sur Jean de Dieu pour changer ça. Je vais l'espionner à son insu.

— Je t'accompagne ! »

Le jeune pédiatre jeta un coup d'œil à son amie :

« Comme ça ? Ce n'est pas vraiment discret ! Tu ferais mieux d'aller te rincer avec la réserve d'eau des enfants et te changer. »

Quand Prune réapparut, ce n'était plus la même. Ses cheveux, mouillés, avaient retrouvé leur jolie couleur auburn, à mi-chemin entre le brun et le roux. Son visage était propre. Vêtue d'une blouse et d'un pantalon blancs trouvés dans la tente à pharmacie, elle ressemblait à une infirmière. Seuls détonnaient ses mocassins trempés.

Elle s'approcha de Ludo en grande conversation avec Jean de Dieu. Les deux hommes gesticulaient beaucoup. Le logisticien mimait l'attaque dont il avait été victime. Le jeune médecin faisait semblant de rentrer dans son jeu.

Soudain, Prune aperçut un petit point rouge s'agiter à l'autre bout du centre de soins. Son cœur fit un bond. On aurait dit la casquette de...

C'était bien lui !

« Phinéas !

— Prune ! » Au même moment ils s'élancèrent et se jetèrent dans les bras l'un de l'autre. Les larmes aux yeux, Prune le couvrit de baisers.

« Tu es vivant, soupira-t-elle.

— Et toi, ils ne t'ont pas découverte. »

Ludo et le logisticien les rejoignirent.

« Dis-moi, tu as l'air blessé », s'exclama le pédiatre.

Le T-shirt de l'enfant était en effet couvert de sang, à la hauteur de l'épaule gauche.

« Oh, ce n'est rien. Quand ils m'ont surpris, j'ai

roulé et je me suis enfui. Je courais en zigzag. Ils ne m'ont pas touché... sauf une fois, une balle m'a frôlé l'épaule. Je suis tombé et j'ai fait semblant d'être mort. »

Phinéas exultait, fier de sa ruse.

« Laisse-moi voir ça de près », demanda Ludo.

Il souleva la manche du T-shirt du garçon, pour mieux l'examiner.

Surexcité, Phinéas se lança dans le récit de sa mésaventure :

« Le chauffeur était avec un milicien armé d'une mitraillette. Quand ils ont cru que j'étais mort, ils sont montés tous les deux dans le camion et ils sont repartis. Je les ai suivis...

— Viens avec moi, je vais te soigner.

— Attends !... Le camion a roulé un kilomètre. J'ai couru pour le suivre jusqu'à un campement avec des grandes tentes vertes, dans un endroit désert. Et devinez qui se trouvait là ?

— Et moi j'ai failli être écrasée », interrompit à son tour Prune pour détourner la conversation.

Mais Phinéas n'y prêta pas garde. Rien ne l'arrêtait, pas même les pressions répétées de la main qu'exerçait la jeune photographe pour le prévenir de ne pas tout raconter devant Jean de Dieu. Insensible à toutes ces tentatives, l'enfant continuait son récit :

« Il y avait le colonel Javan et ses miliciens. J'ai tout vu caché derrière un buisson. Ils ont versé du liquide dans la citerne, sûrement le poison. A un moment, j'ai même cru qu'ils allaient en mettre sur la tête de Prune ! »

Ludo s'était posté face à Jean de Dieu, de façon à ne pas le quitter des yeux, tout en ayant l'air de regarder Phinéas. Plus l'histoire avançait, plus le logisticien semblait perdre de la hauteur. En fait, il rentrait progressivement la tête dans les épaules. Il jetait des coups d'œil de côté, comme s'il cherchait une voie pour s'enfuir.

« Peux-tu aller me chercher ma trousse médicale, sous la tente ? lui demanda le jeune pédiatre. J'ai besoin de désinfectant et de compresses. »

Le Rwandais s'éloigna d'un pas hésitant.

« Maintenant, tu vas m'écouter deux minutes », dit Ludo d'une voix ferme.

Il se plaça à genoux, face à Phinéas, ses yeux dans ceux de l'enfant.

« Augustine et les autres enfants ont été enlevés.

— Augustine ! Ce n'est pas vrai ?

— Si. Laisse-moi parler. »

Il raconta brièvement l'enlèvement et montra la photo qui accusait Jean de Dieu.

« Oh ! là ! là ! J'ai gaffé !

— C'est le moins qu'on puisse dire, soupira Prune.

— Après tout, ce n'est peut-être pas si mal, précisa Ludo. Mais chut... »

Le logisticien revenait, la mallette à la main.

« Merci beaucoup. »

Le pédiatre chercha son flacon de Mercryl et un peu de coton pour désinfecter la plaie superficielle de Phinéas.

« Je pourrais aller faire le tour du camp pour tenter de récupérer quelques indices, suggéra Jean de Dieu. Les réfugiés ont peut-être vu les ravisseurs des enfants. Et je connais beaucoup de monde.

— Non, on a besoin de toi ici, répondit la jeune photographe.

— Au contraire. Ça me semble une excellente idée, reconnut Ludo.

— Mais...

— Il a raison. Laissons-le faire. »

Le jeune homme insista sur ces trois derniers mots en fixant son amie. Celle-ci comprit qu'il ne fallait pas le contredire.

« Alors, je peux aller mener ma petite enquête ?

— Bien sûr. Et tâche de récolter le maximum d'informations.

— Mais enfin ! dit Prune pendant que le logisticien s'éloignait... Il va sûrement aller prévenir Javan et...

— Justement. C'est notre seule piste pour retrouver les enfants. Nous allons le suivre.

— Mais quand le colonel apprendra tout ce qu'a dit Phinéas, il voudra le tuer.

— Je sais. Mais il est en danger de toute façon. Le garçon va rester ici, sous la protection de Delphine. Et ce soir, il dormira avec nous, à Goma, dans notre villa.

— Super ! s'exclama ce dernier... Mais avant, je vous accompagne.

— Pas question !

— Si, car je sais, moi, où se trouve le camp de Javan. »

Ludo hésita.

« Bon, tu seras notre guide. Mais tu ne nous quitteras pas d'une semelle.

— Dépêchons-nous si on ne veut pas perdre la trace de Jean de Dieu, recommanda Prune.

— Attends, coupa Ludo, je file chercher les jumelles de Christian. On en aura peut-être besoin. »

Ludo fonça dans la tente où le logisticien entreposait son matériel et ressortit, l'appareil pendu à son cou.

« Allez ! On y va. »

Dans le camp, le jour déclinait déjà. Mais le trio

n'eut aucun mal à repérer la haute stature du logisticien rwandais. Il avançait d'un pas décidé, en se retournant de temps en temps.

« Il a l'air inquiet, nota le jeune médecin.

— Il va finir par nous repérer », s'inquiéta Prune.

Ils devaient faire de leur mieux pour zigzaguer d'un abri à un autre... Mais ils perdaient de plus en plus de terrain.

« Il se dirige bien vers le repaire de Javan, confirma Phinéas au bout d'un moment. Pas la peine de le suivre plus longtemps. Je connais un autre chemin. On y sera même avant lui ! »

12

Ludovic dans la gueule du loup

« Chut. Le voilà ! »

Prune, Ludo et Phinéas, tout essoufflés par leur course, avaient à peine eu le temps de s'accroupir derrière un épais bosquet d'arbustes jaunis par le manque d'eau, où le garçon s'était caché quelques heures auparavant. Déjà, Jean de Dieu arrivait à grandes enjambées.

De leur cachette, le campement, avec ses tentes de toile verte, se confondait avec les hautes herbes et les maigres arbustes qui entouraient le lac Vert, une zone humide et réputée très insalubre, située à 2 kilomètres de Mugunga. Les réfugiés prétendaient qu'elle était peuplée de brigands et de bêtes sauvages. Prune et Ludo commençaient à comprendre pourquoi...

Javan avait tout intérêt à éloigner les curieux. D'ailleurs, il avait fait en sorte de rendre impossible l'accès d'éventuels gêneurs. Malgré la pénombre, les trois amis apercevaient encore l'enceinte de barbelés qui entourait le campement militaire.

De là où ils étaient, Ludo, Prune et Phinéas avaient une excellente vue d'ensemble. Dix grandes tentes, collées les unes aux autres, étaient disposées en U. La partie ouverte, face au bosquet, était protégée par une pile de sacs de sable derrière laquelle étaient embusqués deux hommes, mitraillette à la main. Un immense feu au centre du camp éclairait toute la scène.

C'est là que Jean de Dieu rejoignit le colonel, non sans s'être fait reconnaître des gardiens en armes. Après un salut militaire, il murmura quelques mots à l'oreille de Javan et l'entraîna à l'une des extrémités du campement... par chance, à quelques mètres du bosquet où se cachaient Prune, Ludo et leur jeune guide. De cette façon, les trois amis purent entendre l'essentiel de l'intéressante conversation qui s'ensuivit.

Jean de Dieu commença par raconter d'une traite les découvertes de Phinéas. Devant l'énorme milicien, le logisticien se tenait en permanence la tête baissée, les épaules rentrées et le regard dirigé vers le sol, comme un petit garçon pris en faute.

« Je t'avais pourtant dit de tenir ces enfants à l'œil, grogna Javan. Comment se fait-il qu'un gamin ait échappé à ta surveillance ? Décidément, tu ne mérites pas ma confiance ! »

Il leva son bras droit et abattit une claque retentissante sur la joue de Jean de Dieu. Ce dernier, résigné ou terrorisé, n'avait même pas fait un pas en arrière pour l'éviter.

« Bien fait ! » chuchota Phinéas.

Ludo ne put s'empêcher d'avoir pitié du traître.

« Mais... mais, je ne pouvais pas... pas savoir, tenta de se justifier ce dernier. Je... je l'ai appris à son retour et j'ai cou... couru vous prévenir.

— Tout mon plan est fichu ! C'était pourtant astucieux. Je pouvais dissuader les réfugiés de rentrer au Rwanda en leur faisant croire que le FPR empoisonnait l'eau du lac... En plus, je gagnais beaucoup d'argent en partageant les bénéfices de la vente de l'eau minérale avec Amadou. »

Accroupis à quelques mètres, nos trois amis avaient les oreilles grandes ouvertes.

De rage, Javan envoya un coup de pied contre une pierre qui s'envola dans la pénombre.

« Tu te rends compte, je suis obligé de tout arrêter. C'est trop dangereux maintenant. On risque de me démasquer... Tout ça à cause de ce maudit gosse. Il va me le payer ! »

A ces mots, Phinéas se recroquevilla encore un peu plus et se rapprocha en silence de Ludo.

Javan ne tarda pas à préciser ses menaces.

« Demain matin, il ne sera plus là pour se vanter de ses exploits... grâce à toi, Jean de Dieu.

— Grâce à moi... Pourquoi ?

— Tu as la confiance des médecins français, non ? Eh bien, tu vas en profiter pour empoisonner ce petit fouineur, cette nuit, avec du cyanure... Mais cette fois, tu en mettras beaucoup, pour le faire mourir.

— Moi... je... je dois tuer cet enfant ? »

Dans la nuit maintenant totale, le logisticien semblait trembler.

« C'est un ordre, sinon... »

Le colonel n'eut pas le temps d'achever sa menace. Un personnage ventripotent venait de sortir de l'une des tentes et de l'appeler. A la lueur du feu, les trois amis reconnurent immédiatement Amadou.

Le trafiquant zaïrois rejoignit les deux complices.

« On va gagner un paquet d'argent en revendant les antibiotiques au marché noir, annonça-t-il. Pour le reste, ce sera plus difficile... mais on pourra toujours faire passer le sérum de réhydratation pour un remède miracle contre la dysenterie et le vendre au prix fort. »

Ventre en avant, Amadou semblait fier de sa supercherie.

« Comme d'habitude, ce sera cinquante pour toi, cinquante pour moi, précisa-t-il à Javan.

— O.K., mais pour l'eau, il ne faut plus y compter. »

Le milicien résuma les révélations de Jean de Dieu.

Le Zaïrois ne sembla pas affecté :

« De toute façon, les expatriés n'auraient pas accepté de payer l'eau 3 dollars la bouteille bien longtemps... On trouvera autre chose. En attendant, avec les médicaments volés... »

Il frotta le pouce et l'index l'un contre l'autre pour signifier l'enrichissement substantiel qu'il attendait de ce trafic.

Avant de rejoindre son superbe 4×4 Nissan garé à l'entrée du camp, Amadou convint de revenir le lendemain matin chercher les médicaments. Ils les écouleraient dans l'arrière-boutique de son magasin.

Javan revint vers les tentes, suivi à respectable distance par Jean de Dieu.

« C'est le moment d'agir, murmura Ludo.

— Tu crois qu'Augustine est là? demanda Phinéas.

— Comment savoir? Mais d'après moi, si les médicaments volés sont dans le campement, les enfants s'y trouvent aussi. Dans tous les cas, Javan, lui, sait où ils sont... Je vais prévenir les militaires français. Attendez-moi là, sans bouger.

— Non, j'y vais, coupa Prune. Le capitaine Le Fur est un ami...

— Ça, on commence à le savoir!

— En plus, je préfère que tu sois ici... en cas de pépin. »

Le jeune pédiatre fut beaucoup plus sensible à ce

deuxième argument. Il resterait avec Phinéas, le temps pour la photographe d'aller chercher des renforts.

Le colonel avait disparu sous une tente. Il ne tarda pas à en ressortir en tenant, ou plutôt en traînant une frêle silhouette.

Malgré le clair de lune et le feu de bois, Ludo voyait mal. La scène se déroulait à plus de 50 mètres. Il sortit les jumelles et les plaqua contre ses yeux. Son cœur fit un bond.

« On dirait... »

Phinéas lui arracha les jumelles des mains.

« Oui... c'est bien elle... c'est Augustine ! s'exclama le garçon.

— Chut, pas si fort... »

Ludo réfléchissait à toute vitesse. Ses hypothèses se confirmaient. Il avait retrouvé la trace des enfants !

« Rends-moi les jumelles », dit-il.

Il observa avec attention la scène : Augustine ne tenait même pas debout. De toute évidence, elle avait besoin de soins médicaux de façon urgente.

« Qu'est-ce qu'on fait ? » demanda Phinéas.

Le pédiatre se tourna vers le jeune garçon. Il tenait ses petits poings serrés, comme s'il voulait intervenir pour sauver Augustine. Par précaution, Ludo lui saisit l'avant-bras.

« On ne tente rien avant le retour de Prune et des militaires français... Au moins, on a retrouvé ton amie. Et elle est toujours en vie. »

Maigre consolation !

Ludo reprit les jumelles. Il vit Jean de Dieu ressortir d'une tente un bloc-notes et un stylo à la main. Il les tendit à Augustine, que le colonel avait fait asseoir face à un billot de bois posé verticalement en guise de table.

Ce dernier se mit à dicter une lettre à la jeune fille. Mais il était trop éloigné : ni Ludo ni Phinéas ne purent saisir un seul mot.

A plusieurs reprises, l'adolescente s'arrêta et leva les yeux vers l'énorme personnage qui la dominait. Mais à chaque fois, Javan l'obligeait à continuer d'un geste menaçant.

« Je donnerais cher pour savoir ce qu'il lui fait écrire », marmonna le jeune médecin.

Le colonel arracha la lettre des mains d'Augustine et la tendit à Jean de Dieu, resté en retrait. Puis le milicien fit un signe de la main. Deux hommes sortirent de l'ombre d'une tente. L'un d'eux tendit une longue machette à son chef. Puis ils se saisirent d'Augustine et l'obligèrent à poser la main gauche sur le billot, bien à plat. Le fort grossissement des jumelles permit à Ludo de voir tous les doigts recroquevillés, sauf l'index.

« Il ne va quand même pas... »

Ludo n'eut pas le temps d'achever sa phrase. Déjà le colonel levait le bras, prêt à abattre la machette sur l'index de la jeune fille.

Malgré la distance, Phinéas comprit ce qui se tramait.

« Augustine ! » s'écria-t-il en se redressant.

Ludo le plaqua au sol d'une main ferme.

« Ne bouge surtout pas. J'y vais. Tu préviendras Prune. »

Il se leva d'un bond, sortit du bosquet et se précipita vers l'entrée du campement.

« Non, colonel, pas ça ! »

Surpris, le milicien suspendit son geste au moment où il allait abaisser la lame tranchante de son arme.

Le jeune médecin s'avança vers son ennemi. Il avait bien conscience de se jeter dans la gueule du loup.

Mais il avait agi par instinct, pour protéger Augustine, sans avoir la moindre idée de la façon dont il allait la sortir et se sortir de ce piège.

« Tiens, docteur Ludovic, on joue les espions! s'exclama Javan en posant la machette à ses pieds. Vous venez assister au spectacle? »

Sa face sombre était éclairée par un sourire sadique. L'adolescente, au contraire, jeta un regard suppliant au jeune homme. Quant à Jean de Dieu, il avait reculé d'un pas et tentait de se faire tout petit, l'air penaud.

L'un des soldats postés derrière les sacs de sable se redressa et s'approcha de l'intrus, mitraillette à la main. Il lui fit signe d'avancer vers le centre du camp, près de son chef. Ludo était bel et bien prisonnier!

« Je suis venu sauver Augustine, dit-il.

— Ce noble geste vous honore, ironisa Javan. Mais il est inutile. J'allais simplement lui couper un doigt... pour aujourd'hui. J'ai encore besoin d'elle. Comme ça, vous serez aux premières loges. »

Il ramassa sa machette et la leva à nouveau. Dans quelques secondes, il allait l'abattre sur la main d'Augustine, toujours maintenue par deux militaires.

« Non! Ne faites pas cette bêtise! » s'écria Ludo.

Le colonel ne l'écoutait pas.

« Dans l'état où elle est, vous allez la tuer! » insista le jeune homme.

Son argument, cette fois, fut convaincant. Au dernier moment, le milicien dévia son geste. La machette s'enfonça dans le billot, à quelques centimètres de la main de l'adolescente.

« La tuer? Comment ça? demanda-t-il.

— Vous voyez bien qu'Augustine a besoin d'être soignée de toute urgence. Elle est très malade, elle souffre de dysenterie, et vous avez interrompu son traitement.

— Elle tiendra bien encore quelques jours.

— Non, colonel. Surtout si vous lui coupez un doigt. Elle ne se remettra pas de l'hémorragie. Elle est trop faible. Elle ne passera même pas la nuit. D'ailleurs, regardez ! »

Émotion ou faiblesse? La jeune fille venait de s'affaisser sur le billot de bois. Ludo avança vers elle, en ignorant la mitraillette enfoncée dans ses côtes. Javan, décontenancé, fit signe à son soldat de laisser faire le médecin.

Ce dernier prit le pouls de l'adolescente, souleva ses paupières.

« Elle a perdu connaissance. Il faut la réhydrater de toute urgence. Je crois que vous avez largement de quoi avec les médicaments volés.

— Pas question ! On va revendre tout ça au marché noir.

— Alors, il faudra vous passer d'Augustine. »

Même s'il n'en comprenait pas les raisons, Ludo avait constaté que Javan tenait absolument à garder la jeune fille en vie quelques jours encore.

Le colonel respirait fortement en regardant sa jeune prisonnière, évanouie.

« Elle peut tenir combien de temps?

— C'est une question d'heures... peut-être de minutes.

— Conduisez-les tous les deux sous la tente et donnez-lui ce dont il a besoin », finit par ordonner le militaire à ses hommes.

Ça y est ! Ludo avait réussi à perfuser Augustine avec les médicaments fournis par les miliciens. Le liquide de vie s'écoulait dans ses veines.

Dans les cartons volés qu'on lui avait apportés sous la tente, le pédiatre avait mis la main sur un tonicardiaque. Il l'avait injecté à la malade. Ce puissant tonifiant allait donner un coup de fouet pour soutenir le cœur de la jeune fille.

« Pourvu qu'il ne soit pas trop tard », pensa-t-il.

En pénétrant sous la tente, il avait aussi retrouvé avec un immense plaisir la trentaine d'autres enfants enlevés. Silencieux, ils étaient assis en cercle, tout autour, attentifs à la façon dont le médecin soignait leur amie. Trop préoccupé par Augustine, ce dernier n'avait même pas eu le temps de leur adresser un mot.

Enfin, Ludo se redressa. Il les rassura par quelques paroles réconfortantes, sans faire allusion à l'arrivée imminente des parachutistes français : il craignait d'être entendu par l'un des hommes de Javan posté à l'entrée de la tente.

Il examina rapidement les plus faibles. Globalement ils allaient mieux qu'Augustine. Seul un petit garçon de sept ans l'inquiétait. Il semblait complètement anémié, à bout de force.

Soudain, Augustine se mit à délirer. Elle criait presque, d'une voix hachée. Ludo s'approcha pour la calmer.

« Javan... criminel de guerre... inscrit sur la liste... »

Le front de l'adolescente était brûlant.

« Repose-toi. Tout va bien, je suis là. »

Mais elle poursuivait son angoissant monologue, sans entendre les propos de Ludo.

« Chantage... Javan rayé de la liste... grâce à ma lettre... sinon il me tuera... enverra mes doigts un à un... »

Le pédiatre essayait de trouver une signification à ces propos confus. Tous ses sens étaient en alerte.

« La lettre, c'est donc ça, se dit-il soudain. Le colonel se sert d'Augustine pour se faire rayer de la liste des criminels de guerre établie par le FPR. Et pour faire pression, il menace de la découper en morceaux. Quel odieux chantage ! »

Mais le jeune homme ne put en entendre davantage. La toile de la tente venait de s'écarter. Sans se retourner, Ludo reconnut le chef des miliciens à son pas lourd et à son souffle puissant. Les enfants se tassèrent immédiatement les uns contre les autres, avec des regards affolés.

« Instructif, n'est-ce pas ? dit la grosse voix du militaire. Mais maintenant, vous en savez trop. D'ailleurs, je n'ai plus besoin de vous, docteur. »

En un éclair, Ludo se retourna. Juste à temps pour voir Javan abattre sa machette sur lui, mais trop tard pour éviter la lame qui le frappa à la nuque.

Ludo ressentit une vive douleur, sa vue se brouilla... puis plus rien !

13

L'odieux chantage

« C'est là! » annonça Prune à Le Fur, assis à sa gauche, au volant de la Jeep.

Le capitaine français pila, tous phares allumés. De toute façon, les militaires rwandais les avaient sûrement entendus arriver!

Un camion bâché se rangea à côté de lui. D'un geste de la main, le parachutiste fit signe à ses hommes de descendre et de se déployer autour du campement de Javan. Le tout fut exécuté en quelques dizaines de secondes : ses hommes étaient entraînés pour ce type d'intervention.

Puis Le Fur se retourna et attrapa sur la banquette arrière un mégaphone, de la forme d'un grand entonnoir. Il mit l'interrupteur sur « *marche* ».

« Colonel Javan, vous êtes cernés par l'armée française, rendez-vous! » clama-t-il dans l'amplificateur.

Aucune réponse... mais les hommes de Javan prenaient position derrière les sacs de sable.

« Pourvu qu'il ne soit rien arrivé à Ludo et à l'enfant! » soupira Prune.

A ce moment, elle vit une ombre surgir du bosquet et courir vers le camion.

« Phinéas ! » s'exclama la jeune fille en levant la main.

Elle descendit de la Jeep et courut à sa rencontre.

« Prune, non ! » cria la voix du capitaine, juste derrière elle.

Trop tard ! Des rafales d'armes automatiques fusèrent du camp de Javan.

La photographe entendit des balles siffler à ses oreilles. Immédiatement, elle se jeta face contre terre... et se retrouva nez à nez avec le garçon, qui avait eu le même réflexe.

« Ne bouge surtout pas, chuchota-t-elle. Avec la nuit, on ne nous voit pas bien... »

D'autres rafales sèches claquèrent du côté français. Les parachutistes ripostaient avec leurs famas, des pistolets-mitrailleurs d'une précision redoutable.

« Et Ludo ? demanda Prune.

— Il est allé secourir Augustine. Javan voulait lui couper la main.

— Il est dans le camp ? ! »

Prune releva la tête. Mais très vite, elle se replaqua contre le sol pour éviter les balles.

A ce moment, une ombre s'approcha.

« Suivez-moi ! »

Prune reconnut la voix grave de Le Fur. Elle fit signe à Phinéas de ramper derrière lui, et ferma l'étrange cortège en se tortillant comme une limace. Pour avancer sans se redresser, elle prenait appui sur ses coudes et ses genoux.

Pendant ce temps, les parachutistes intensifièrent encore leurs tirs, afin de détourner l'attention de l'ennemi.

Le cœur de Prune cognait contre sa poitrine. Mais pour une raison bien différente de celle qu'on pouvait imaginer. Elle n'avait pas peur pour elle, malgré le danger de cette retraite en terrain découvert : une balle pouvait l'atteindre à tout moment. Elle craignait plutôt pour les jours de son ami, aux mains de Javan.

Après bien des contorsions et quelques égratignures aux avant-bras, elle parvint enfin derrière le camion des militaires, où Phinéas et Le Fur venaient de trouver refuge.

« Maintenant, vous ne bougez plus de là ! ordonna le militaire.

— Ludo est prisonnier, avec les enfants, souffla Prune.

— J'ai dit à mes hommes de ne pas tirer sur les tentes. Et les miliciens de Javan sont encerclés. Ils ne résisteront pas bien longtemps... Je reviens. »

Le parachutiste repartit vers sa Jeep. Dans le camp adverse éclairé par le feu, plusieurs soldats gisaient au sol, blessés ou tués. Les autres ripostaient de moins en moins, surtout préoccupés de sauver leur peau.

« Rendez-vous. Vous aurez la vie sauve ! ordonna Le Fur dans son porte-voix.

— Cessez vos tirs et déguerpissez ! »... cria une voix invisible.

Prune reconnut Javan.

« ... Ou alors, je vais exécuter les otages, un à un, menaça-t-il.

— C'est ignoble ! rugit le militaire français.

— C'est la guerre. Tous les moyens sont bons. Je vous donne trente secondes pour m'obéir, sinon... »

Prune frissonna. Elle vit la bouche de Phinéas se crisper et trembler. Tendrement, elle le serra contre sa poitrine :

« Le capitaine va les sauver, tu vas voir. »

A vrai dire, elle avait envie, elle aussi, de pleurer.

Les tirs cessèrent du côté français. Le Fur prenait les menaces de son ennemi au sérieux.

« Maintenant, partez ! » répéta le colonel.

Le parachutiste rejoignit Prune et Phinéas derrière le camion, la mâchoire crispée :

« On ne peut pas prendre le camp d'assaut. C'est trop dangereux. Ils vont massacrer les enfants... Et puis, on est déjà allés beaucoup plus loin que notre mandat ne nous l'autorisait. Je risque d'être sanctionné par mes supérieurs. Pas question de me lancer dans un bras de fer avec Javan.

— Et qu'est-ce qu'on va faire ? demanda Prune.

— On essaiera la voie diplomatique, dès demain matin. »

La jeune femme planta un regard furibond dans celui du parachutiste :

« Ça ne servira à rien, tu le sais bien !

— Désolé, mais pour ce soir, je ne peux rien faire de plus, s'excusa le militaire.

— Moi j'ai une idée », s'exclama Phinéas en se dégageant des bras de son amie.

Deux paires d'yeux le dévisagèrent, interloqués.

« Dans la journée, en suivant le camion-citerne, j'ai repéré un endroit un peu abîmé dans l'enceinte de barbelés. Je pourrais m'y glisser et rejoindre les prisonniers.

— Et après ? dit Le Fur. On sera bien avancé !

— Je leur indiquerai la sortie.

— Tu crois que Javan vous laissera partir comme ça, bien tranquillement. Allons, Phinéas, soyons sérieux !

— Mais je suis sérieux. Vous attaquerez par surprise à ce moment-là, pour détourner l'attention des miliciens.

— Son idée n'est peut-être pas mauvaise, suggéra Prune... Et c'est la seule. »

Le capitaine frotta la paume de sa main sur le haut de ses cheveux coupés en brosse, signe chez lui d'une intense réflexion. A ce moment, la voix de Javan s'éleva à nouveau dans la nuit.

« Dans cinq minutes, je ne veux plus voir personne.

— On n'a pas de temps à perdre, insista la jeune photographe.

— Tu es sûr de pouvoir passer sans te faire remarquer? demanda le parachutiste français à l'enfant.

— Certain. C'est à l'arrière du camp, il n'y a personne. Ensuite, je découperai le dos de la tente où se trouvent les otages. Je l'ai repérée.

— Pendant ce temps, nous, on va faire semblant de se replier. Et dans une demi-heure, à 23 heures précises, on attaquera pour protéger ta fuite. Voici mon plan... »

Ludo sentait comme une barre lui scier la nuque. Il ouvrit les yeux, vit la toile verte de la tente sous laquelle il se trouvait, aperçut le visage de trois enfants penchés au-dessus de lui et entendit, à l'extérieur, des rafales de mitraillettes.

« J'y suis... Javan... la machette... »

Il porta sa main à sa nuque. Apparemment, sa tête était toujours fixée sur ses épaules.

« Le colonel a dû me frapper avec le plat de la lame. Il voulait m'assommer, pas me tuer. »

Peu à peu, les événements se remettaient en place dans la tête du jeune homme.

« J'ai perdu connaissance... Pendant ce temps, les militaires français ont attaqué, constata-t-il en écoutant les échanges de tirs... Et Augustine ! »

Ludo tenta de se redresser. Il dut prendre appui sur ses coudes avant d'aller plus loin : sa tête lui faisait mal et semblait peser une tonne. Sa vue se troubla...

Après quelques secondes, le pédiatre eut la force de se mettre à genoux. Autour de lui, presque tous les enfants étaient allongés, pour échapper aux balles.

« Surtout ne vous redressez pas », recommanda-t-il.

Il se pencha sur l'adolescente. Toujours inconsciente, elle haletait. La poche de sérum de réhydratation était vide. Il fallait la changer, de toute urgence. Mais les médicaments étaient dans une autre tente.

A ce moment, le jeune médecin entendit les menaces de Javan proférées à l'encontre des militaires français. A l'arrêt des tirs, il comprit que Le Fur avait renoncé à son offensive. Tout à coup, il se sentit seul, très seul, et tellement vulnérable...

Quelques minutes plus tard, Ludo perçut un léger crissement à l'arrière de la tente. Son attention fut attirée par un objet métallique, pointu... Oui, c'était bien ça : un couteau ! Sa longue lame tranchante était en train de découper un passage dans la toile.

Le jeune homme fit signe aux enfants de se tenir à l'écart et se rapprocha en rampant, plein d'angoisse et d'espoir à la fois.

« De toute façon, ce ne sont pas les miliciens, pensa-t-il. Ils passeraient par l'entrée. Des secours ? Les militaires français viennent de rebrousser chemin. Qui alors ? »

Ludo se tenait juste à côté du trou, prêt à bondir. Quelles ne furent pas sa surprise et sa joie quand il vit apparaître une casquette rouge qu'il connaissait bien.

« Phinéas ! »

Il tira le garçon à l'intérieur et le serra dans ses bras.

« Et Augustine ? s'inquiéta immédiatement l'enfant.

— Elle ne va pas très fort. Il faudrait pouvoir sortir d'ici. »

Déjà Phinéas était penché sur son amie, entouré de ses compagnons d'infortune.

« Je suis venu vous aider à vous enfuir, finit-il par expliquer. Mais il faut faire vite. Il nous reste quatre minutes exactement. »

Le garçon montra fièrement la Swatch qui ornait son poignet.

« C'est celle de Prune ! remarqua Ludo.

— Oui, elle me l'a donnée.

— Donnée, donnée, elle y va fort, c'est un cadeau que je lui ai fait, marmonna le jeune pédiatre.

— Quoi ?

— Rien... Alors, ton plan ? »

L'enfant expliqua où se trouvait la passe dans l'enceinte de barbelés. Puis il sortit deux grenades d'un petit sac qu'il tenait en bandoulière.

« Mais tu es fou ! gronda Ludo.

— Non, ce sont seulement des grenades fumigènes. Le Fur m'a appris comment les dégoupiller. Dans deux minutes exactement, je vais sortir de la tente et les lancer. Elles feront beaucoup de fumée pour couvrir notre fuite. Au même moment, le capitaine et ses hommes attaqueront... C'est son idée. Moi, j'ai eu une idée en plus.

— Quoi ? demanda le jeune homme.

— Je suis passé dans la tente où se trouvent les munitions et le poison. J'ai trouvé une caisse avec des explosifs et des mèches. J'ai choisi une mèche de six minutes et je l'ai allumée. D'après mon calcul, elle fera tout exploser juste au moment de notre fuite.

— Et nous avec !

— Non. Notre tente sera préservée.

— Tu as l'air bien sûr de toi.

— Mon papa était militaire... avant d'être tué par les miliciens parce qu'il ne voulait pas collaborer avec eux.

— Pardon... Dis-moi, c'est bientôt l'heure, non ? » demanda Ludo.

Phinéas fronça les sourcils :

« D'après mon calcul, les munitions devraient sauter maintenant. »

Tous se turent... Les secondes passaient. Et toujours rien !

« 23 h 01, finit par dire le garçon. Il faut y aller. On est déjà en retard d'une minute sur l'horaire du capitaine. »

Il sortit de la tente par là où il était entré. Il dégoupilla les deux grenades et compta jusqu'à quatre. Puis il les lança le plus loin possible, vers le centre du campement où se trouvaient Javan et ses hommes. Deux explosions sourdes se firent entendre. Au même moment, des rafales de mitraillettes retentirent dans la nuit. Les parachutistes français passaient à l'attaque !

Phinéas repassa la tête à l'intérieur de la toile de tente.

« Suivez-moi ! »

Un à un, les enfants se faufilèrent derrière lui, protégés par un épais brouillard de fumée noire. Ludo vérifia que tous les enfants étaient sortis et prit Augustine dans ses bras. Elle gémit faiblement.

« N'aie pas peur. On va sortir d'ici. »

Mais le trou que Phinéas avait découpé était un peu petit pour eux deux. Le médecin dut passer en premier, puis tirer l'adolescente à l'extérieur. Les enfants étaient déjà loin.

Il se redressa en soulevant la jeune fille. Tout autour de lui, les échanges de tirs faisaient rage.

« Tiens, jeune blondinet ! On veut nous fausser compagnie ! »

Le sang de Ludo se glaça. Il venait de reconnaître la voix de Javan, juste dans son dos.

« Très bien le coup de l'attaque surprise. Mais il fallait être un peu plus rapide. Allez, avancez ! »

Le pédiatre s'était retourné. Le colonel se tenait face à lui, bien campé sur ses jambes, un fusil-mitrailleur à la main. Un autre soldat armé menaçait le jeune Français et sa protégée. Jean de Dieu était là aussi, sans armes, avec un air penaud.

« Il me reste les deux otages les plus précieux, grogna le chef des miliciens. Et cette fois, Le Fur et ses hommes ne pourront pas s'en tirer par une fausse retraite ! Ils vont déposer leurs armes... ou vous allez mourir, tous les deux ! »

Javan leva sa mitraillette vers Ludo. A ce moment, une explosion assourdissante retentit dans le dos du jeune pédiatre.

14

La revanche de Jean de Dieu

Sans avoir le temps de comprendre, Ludo se sentit plaqué au sol par un souffle puissant. Il roula à terre avec Augustine dans les bras et se retrouva couché sur elle, un peu étourdi.

« Les troupes de Le Fur ont tiré un obus de mortier », pensa-t-il.

Tout autour de lui, divers objets soulevés par l'explosion retombaient dans un bruit de ferraille. Le jeune homme s'attendait à être assommé ou blessé par l'un d'eux. Il resta allongé sur le ventre, protégeant de son corps l'adolescente tutsie.

Dans le camp, la confusion semblait à son comble. Le pédiatre entendait des rafales de mitraillettes, des cris, des gémissements, des bruits de pas précipités... Encore sous le choc, il perçut, à quelques mètres de lui, le halètement de deux hommes en train de s'affronter. Soudain, un coup de feu retentit, suivi d'un juron.

« Plus un geste ou tu es mort ! »

Ludo crut reconnaître la voix de Jean de Dieu.

« A qui ce traître s'en prend-il ?... Pourvu qu'il ne s'agisse pas d'un des enfants ! »

Le médecin redressa la tête et parcourut des yeux

les alentours, éclairés par l'incendie qui ravageait les tentes. Il finit par distinguer la longue silhouette du logisticien, de dos. Un fusil-mitrailleur AK 47 à la main, il tenait en joue un homme corpulent, plié en deux, la main droite crispée sur son épaule gauche.

« Mais c'est Javan ! Pourquoi Jean de Dieu en veut-il à son chef ? »

Ludo n'eut pas à réfléchir bien longtemps. Quatre hommes accouraient l'arme au poing. Ils encerclèrent le colonel et le logisticien, en les menaçant. Ce dernier tendit sa mitraillette sans même opposer de résistance.

« Voici le colonel Javan, dit-il en désignant son vis-à-vis. C'est un grand criminel de guerre. Je vous le livre ! »

Le pédiatre se redressa :

« Les hommes de Le Fur, enfin ! »

A ce moment, une sorte de bolide sur pattes jaillit de la nuit, et lui sauta au cou.

« Ludo ! Tu es en vie », fit une voix féminine.

Le jeune homme, déséquilibré, faillit tomber à la renverse sur Augustine.

« Eh bien quoi, tu n'es pas plus content que ça de me voir ?

— Si, bien sûr, mais je ne m'attendais pas à une telle fougue ! »

Le médecin avait immédiatement reconnu Prune. Il referma ses deux bras autour de la taille de son inséparable amie et l'embrassa.

« Et ta protégée ? demanda aussitôt la jeune femme, voyant que l'adolescente ne se relevait pas.

— Ce n'est pas brillant. »

Tous deux se penchèrent sur la malade. Son visage était cadavérique, ses orbites creusées, sa peau à nouveau desséchée. Elle respirait faiblement et semblait ne pas avoir conscience de ce qui lui arrivait.

« Il faut l'évacuer au plus vite, précisa Ludo. Où est Le Fur ?

— Là, juste devant toi ! »

Les deux jeunes gens rejoignirent le capitaine, à quelques mètres de là. Avec trois de ses hommes, il encadrait le logisticien et le colonel rwandais.

« Il faut me conduire de toute urgence au centre de soins de l'UMI, dit aussitôt Ludo.

— Maintenant ? En pleine nuit ? s'étonna Le Fur.

— Oui, c'est pour Augustine. Elle est au plus mal. Elle a besoin d'être perfusée. J'en profiterai aussi pour ramener les autres enfants. »

Le capitaine parcourut du regard le camp de toile, dévasté par les flammes, dans lequel ses hommes étaient en train d'arrêter les miliciens encore cachés, ou blessés.

« Je pourrai détacher une petite escorte pour t'accompagner dans dix minutes, conclut-il. Pas avant.

— J'ai vraiment besoin d'une telle protection ?

— C'est plus prudent. Beaucoup de militaires rwandais ont pris la fuite. Ils pourraient chercher à se venger. »

Le jeune pédiatre s'approcha alors de Javan. Il avait l'épaule gauche en sang.

« Je vais jeter un coup d'œil à la blessure. »

Délicatement, il déchira le haut de la chemise en treillis du militaire, pour examiner son épaule. Javan, le regard baissé, n'avait pas bougé d'un iota.

« J'ai du mal à comprendre, intervint à ce moment Le Fur. Le logisticien, il est de votre côté ou de celui des miliciens ?

— C'est un traître. Il est avec eux, affirma Prune.

— Pourtant il menaçait son chef... Jean de Dieu, pourquoi l'as-tu trahi ? »

Le jeune Rwandais, muet jusqu'alors, prit la parole :

« Après l'explosion, on a tous été plaqués au sol. Le premier milicien s'est enfui sans demander son reste. Moi, j'ai tout de suite sauté sur l'arme tombée à terre, et j'ai mis en joue Javan. Comme il voulait me la reprendre de force, j'ai tiré.

— Pourtant, tu étais son complice, fit Prune.

— Non, j'étais son otage. »

Jean de Dieu pencha la tête et respira longuement avant de se tourner vers le colonel. Il le désigna d'un doigt accusateur :

« Quand il a appris que l'UMI allait m'employer, il est venu me voir, un soir, dans l'abri où je loge avec ma mère et ma jeune sœur. Il a menacé de les tuer toutes les deux si je ne collaborais pas avec lui... Elles avaient si peur ! J'ai fini par céder. Mais j'ai toujours juré de me venger. Aujourd'hui, je suis heureux de pouvoir le livrer à la justice des hommes. »

Ludo avait fini d'examiner Javan. De là où il était, il parvenait à voir toute la colère qu'exprimaient les yeux du logisticien.

« Avant la justice, il aura besoin d'un médecin, déclara le pédiatre. Mais la blessure est superficielle. L'os n'a pas été touché et la balle est ressortie.

— Nos médecins vont s'en occuper, répondit Le Fur. Puis on le livrera au tribunal chargé de juger les criminels de... »

Soudain, Javan bouscula Ludo et saisit Jean de Dieu à la gorge, de sa main valide.

« Tu vas me le payer ! »

Le logisticien se débattait, en tentant vainement d'échapper à cette poigne qui, comme un étau, était en train de l'étrangler. Avant que ses hommes aient eu le temps de réagir, Le Fur bondit sur le milicien. Il saisit la main vengeresse et tenta de lui faire lâcher prise. Les deux hommes, face à face, échangèrent un regard haineux.

Prune et Ludo assistaient à la scène, interdits. Les deux athlètes allaient-ils s'affronter ?

Enfin, Javan céda, sans doute affaibli par sa blessure. Ses épaules s'affaissèrent, sa tête se baissa.

« C'est bon, j'ai perdu.

— En tout cas, tu viens de donner raison à Jean de Dieu. »

Le capitaine français se tourna vers le logisticien et lui posa une main sur l'épaule :

« Tu es libre. »

Un militaire s'approcha à ce moment et se mit au garde-à-vous.

« Mission accomplie, mon capitaine. Les prisonniers sont regroupés près du camion. Il y a des blessés.

— On va les conduire dans notre hôpital de campagne. Mais avant, désigne cinq hommes pour escorter Ludo et les enfants au centre de soins de l'UMI. Vous me renverrez ensuite le chauffeur avec le camion, et vous resterez là-bas pour la nuit.

— Entendu mon capitaine.

Le jeune parachutiste s'éloigna après un bref salut militaire.

Sans attendre, Ludo retourna vers l'adolescente. Elle n'avait toujours pas bougé. Il la prit dans ses bras, de plus en plus inquiet.

Un petit bonhomme à la casquette rouge arriva en courant vers lui.

« Les militaires français m'avaient regroupé avec les autres enfants. Ils ne voulaient pas me laisser m'approcher, dit Phinéas, tout essoufflé. J'ai dû déjouer leur attention... Et Augustine ? »

Le jeune pédiatre tenta de masquer ses appréhensions.

« Elle ira mieux quand je l'aurai perfusée. »

Il craignait, en fait, qu'il ne soit trop tard.

Tout en parlant, ils se dirigeaient vers l'endroit où étaient garés les véhicules, à l'entrée du campement.

« Au fait, je suis désolé pour l'explosion, ajouta le garçon.

— Comment ça ?

— Oui. J'avais mal calculé mon coup. L'explosion du dépôt de munitions aurait pu te tuer. »

Ludo marqua un arrêt.

« C'était donc ça ! Je croyais qu'il s'agissait d'un obus tiré par les soldats français. Bravo, monsieur l'apprenti sorcier ! »

L'enfant avait l'air tout penaud. Le jeune homme lui sourit :

« En fait, je devrais plutôt te remercier. Sans toi, je serais encore entre les mains de Javan. »

Un bruit précipité de pas résonna derrière eux.

« Je viens avec vous », lança Prune.

Elle s'approcha de l'oreille de son ami et lui murmura :

« En fouillant Javan, on a retrouvé une photo qui va t'intéresser au plus haut point ! Mais Phinéas ne doit rien savoir... »

Ludo n'en sut pas plus, à ce moment-là.

« Alors, comment va notre grande malade ? »

Sous la bâche où venait de pénétrer Ludo, suivi de Félicité, tous les enfants formaient un cercle autour de Prune. Les clichés qu'ils avaient pris étaient étalés par terre. La jeune photographe les commentait un à un.

Tous les regards se tournèrent vers les deux arrivants.

Augustine, appuyée sur des coussins au premier rang, sourit au médecin d'un air reconnaissant. Pour la première fois, elle avait eu la force de quitter la tente où elle était perfusée jusqu'alors. Elle avait tellement envie d'assister à cette réunion ! Phinéas, heureux du rétablissement de son amie, ne lui lâchait pas la main.

« Beaucoup mieux, répondit Augustine. Ça se voit non ? »

Effectivement, l'adolescente était transformée. Ses grands yeux noirs pétillaient de joie. Son visage, encore un peu amaigri, était d'une finesse remarquable.

Ludo fendit le groupe pour venir s'asseoir à côté d'elle.

« En tout cas, tu es très belle », reconnut-il.

Pendant cinq jours, depuis le fameux soir de l'explosion, le pédiatre avait veillé pratiquement jour et nuit au chevet de la jeune fille, sans savoir s'il allait réussir à la sauver. Quand il s'assoupissait, c'était sur place, dans le lit de camp voisin.

« Merci... Je n'oublierai jamais ce que tu as fait pour moi, avoua Augustine en rougissant.

— Bon, les amoureux, désolé de vous interrompre, mais on était en train de parler des photos, dit Prune... Regarde, Ludo, qu'en penses-tu ? »

Le jeune homme se pencha et jeta un regard distrait sur les différents clichés. Il vit Félicité devant sa marmite, Delphine et lui-même en train de soigner les enfants, Augustine malade, la même sur la voie de la guérison, le centre de soins complètement aménagé, le travail des bénévoles de l'UMI, la distribution d'eau, les conditions de vie des réfugiés dans le camp de Mugunga...

« C'est passionnant, dit-il d'un ton pas vraiment convaincu.

— Bref, ça t'est égal ! remarqua Prune, qui le connaissait bien... Mais tu seras peut-être intéressé d'apprendre que ces photos feront non seulement l'objet d'une exposition, mais qu'on a décidé aussi d'en faire un livre. Les bénéfices serviront à réhabiliter le village des enfants.

— Voilà une excellente idée, s'exclama le pédiatre, soudain concerné... Et à ce propos, Félicité a une grande nouvelle à vous annoncer. »

Il chercha du regard l'institutrice rwandaise, assise derrière les enfants. Celle-ci se redressa, sous les yeux curieux et impatients du groupe.

« Vous savez que vous allez être élevés ensemble, dans le même village ?

— Et ce sera toi notre nouvelle maman ! s'écria Phinéas.

— Oui... Enfin, je ne serai pas seule. D'autres femmes ont accepté de venir vivre avec nous. Elles s'occuperont de vous, comme si vous étiez leurs enfants.

— Alors, on va avoir plusieurs mamans, murmura une petite fille.

— Pas tout à fait, précisa Ludo. Vous serez réunis par groupe de trois ou quatre, sous un même toit, avec "une maman"...

— Ce sera comme avant, murmura Augustine d'une voix émue. Et on n'aura plus à avoir peur des adultes et de la guerre !

— On a même une surprise pour toi, fit Prune avec un air mystérieux... Mais ça, tu en sauras plus dans quelques jours. »

Épilogue

Ludo gara son 4 × 4 beige sur ce qui avait été autrefois la place centrale, sorte de terrain vague désormais encombré de bouts de bois calcinés et d'ustensiles les plus divers.

« Voilà votre village !

— Alors on va vivre là ! s'exclama Phinéas.

— Quand les maisons seront remises en état », précisa Prune.

Les toits effondrés et en partie brûlés, les portes défoncées, les fenêtres brisées témoignaient de la violence des combats. La communauté, à majorité tutsie, avait été décimée quelques mois auparavant par des miliciens hutus. Seuls les murs blancs et les sols en ciment des petites maisons rectangulaires restaient intacts.

« C'était donc ça la surprise, fit Augustine.

— Viens, on va choisir notre prochaine maison ! »

Le garçon et son amie sautèrent de l'arrière du 4 × 4 et se mirent à courir dans les ruelles, d'une entrée à l'autre.

« Regarde comme elle gambade, remarqua la jeune photographe. On ne dirait même pas qu'elle a été malade.

— C'est vrai, en dix jours, son rétablissement a été spectaculaire. »

Le pédiatre était heureux. Les enfants guéris et bien nourris avaient retrouvé leur joie de vivre, même si toutes les horreurs de la guerre n'étaient pas effacées de leurs mémoires. Jean-Paul Davranche, le Président de l'UMI, avait totalement adhéré au projet de faire parrainer ces enfants et leurs nouvelles « mères » par des familles françaises. Les premiers parrains avaient d'ailleurs déjà répondu à ses appels lancés par voie de presse.

Quant à Prune, elle rentrait avec de quoi faire un reportage émouvant sur les conditions de vie dans un camp de Goma ravagé par la dysenterie, et ce, à travers le portrait d'un groupe de jeunes livrés à eux-mêmes. Sans oublier une exposition originale et un livre de photos prises par les enfants eux-mêmes... Après trois semaines à Goma, la mission des deux amis français touchait à sa fin. Il leur restait une dernière action à accomplir.

« On y va ?

— On y va. »

Ludo et sa compagne descendirent à leur tour du 4 × 4 et s'approchèrent d'une maison un peu plus vaste, ou plus exactement sa carcasse, qui donnait sur la place.

« Augustine, viens voir, appela Prune. On a une autre surprise pour toi ! »

L'adolescente accourut, essoufflée mais rayonnante, suivie de Phinéas.

« Encore ! C'est quoi ? demanda-t-elle.

— Entre, tu verras.

— Et moi ? fit son ami, un peu jaloux.

— Reste avec nous. »

Augustine entra seule, d'un pas hésitant. Elle disparut entre les murs blancs. Soudain un cri fendit le silence.

« Papa !

— Ma fille ! » s'exclama une voix grave.

Puis plus rien.

Au bout de quelques minutes, Ludo, Prune et Phinéas entrèrent à leur tour dans la maison encombrée de gravats, de morceaux de bois et de bouts de verre. Dans une grande pièce aux murs criblés de balles, l'adolescente était blottie dans les bras d'un homme. On l'entendait sangloter. Son père aussi semblait ému.

« Merci. Merci mille fois, dit-il aux deux jeunes Français. C'est le plus beau jour de ma vie. »

Ludo se trouvait enfin face au docteur Théodore, ce Tutsi chargé du retour des réfugiés dont lui avait tant parlé son amie. Le médecin, avec sa grande barbe et son regard franc, lui fut immédiatement sympathique.

Augustine se retourna, les yeux embués de larmes :

« Comment avez-vous su ?

— Grâce à un cliché retrouvé dans les poches de Javan, précisa Prune. Tu étais entre ton père... et ta mère.

— La photo que j'ai perdue en arrivant à Goma ! s'exclama l'adolescente.

— Javan a dû la retrouver. Il connaissait le docteur Théodore et a tout de suite compris le chantage qu'il pouvait exercer en t'enlevant. Car ton père est un personnage important. Il est membre du nouveau gouvernement rwandais.

— Papa, on va à nouveau vivre ensemble, dit Augustine en se blottissant entre ses bras.

— Oui, comme avant... ou presque. »

Prune vit une lueur de tristesse passer dans ses yeux noirs.

« Sans doute se souvient-il de sa femme, tuée à

coups de machette », pensa-t-elle en se rappelant de ses confidences, lors de leur première rencontre.

Une petite voix la tira de ses pensées.

« Mais alors, on va être séparés, Augustine et moi ? »

Phinéas, blotti contre elle, avait assisté à toute la scène sans dire un mot. Ça ne lui ressemblait pas !

L'adolescente vint vers lui, lui prit la main et l'amena face à son père.

« J'ai oublié de te présenter Phinéas, mon meilleur ami. On devait être élevés ensemble. »

Le médecin rwandais lui sourit et l'embrassa sur les deux joues.

« Je sais. Prune m'a tout raconté. Eh bien, si vous êtes d'accord, on vivra tous les trois ici, dans cette maison. »

Augustine et son ami frappèrent dans leurs mains en sautant de joie.

« Tu te rends compte, on va rester ensemble !... Mais papa, et ton travail ?

— La frontière avec le Zaïre est à quelques kilomètres. J'ai beaucoup à faire pour inciter les réfugiés de Goma à revenir au Rwanda. Alors, pourquoi ne pas vivre ici ?

— Pour moi aussi, tu sais, c'est le plus beau jour de ma vie », lui confia sa fille.

Encore un peu intimidé par ce grand barbu, Phinéas était resté un peu en retrait. Son futur « papa » lui tendit la main :

« Allez, viens, garçon, je vais te faire visiter ta nouvelle maison... Mais avant ça, j'ai un cadeau pour vos deux amis. »

Il se retourna, saisit la machette qu'il avait posée contre le mur et la tendit à Prune et Ludo.

« Cette arme ne m'a jamais quitté dans les moments difficiles. J'espère qu'elle me sera inutile dans les jours heureux... Gardez-la, en souvenir de votre mission à Goma.

— Merci beaucoup, fit la jeune photographe... Sa place est toute trouvée, à l'UMI ! »

Elle adressa un clin d'œil complice à son ami. Ils avaient pensé tous deux à la même personne : Inès, l'assistante du Président, dont l'étagère était encombrée de souvenirs de chaque mission !

Table

LA FICHE MÉDICALE DU DR ALAIN DELOCHE

Dysenterie bacillaire : la maladie des camps de réfugiés

La dysenterie bacillaire, sorte de diarrhée parfois mortelle, est extrêmement contagieuse. Elle peut provoquer des milliers de morts en quelques semaines, comme à Goma.

L'invasion des redoutables sighelles

La dysenterie bacillaire, appelée Sighellose, est connue depuis longtemps dans les régions pauvres et très peuplées où, au manque d'eau potable, s'ajoute le manque d'hygiène. Durant des décennies, des épidémies de dysenterie ont décimé les camps de réfugiés ou les armées en campagne.

Cette maladie est due aux bacilles de Shiga : ces microbes nommés sighelles se multiplient, surtout dans l'intestin, et irritent le colon. En quelques jours ou même quelques heures, le malade se met à souffrir de douleurs abdominales intenses accompagnées d'une forte fièvre. Il se vide littéralement : vomissements fréquents, selles nombreuses. Il se déshydrate alors de façon massive. Son visage devient terreux, ses orbites se creusent, sa peau se dessèche au point de perdre son élasticité. Sans traitement, il peut perdre jusqu'à 10 kg en un ou deux jours. Sa tension chute, son pouls s'accélère... Il risque de mourir.

Les gestes qui sauvent

La première urgence est de réhydrater. Si la personne n'est pas encore trop atteinte, il suffit de lui faire boire de l'eau enrichie d'un peu de sucre et de sel. Mais, si le malade est trop faible pour digérer cette eau, il faut le perfuser et lui injecter plusieurs litres de sérum de réhydratation.

On administre, par ailleurs, des médicaments contre la diarrhée. Reste à tuer ces redoutables sighelles à l'aide d'un antibiotique puissant, comme le Bactrim.

Le grand risque : l'épidémie

Guérir quelques cas de dysenterie est assez simple. La hantise des médecins reste l'épidémie. Car les sighelles se transmettent très facilement, par simple contact avec un malade ou par l'intermédiaire de l'eau souillée. En outre, ce microbe continue à être rejeté dans les selles par les anciens malades, pendant des années. Résultat : la dysenterie bacillaire est présente à l'état de larve dans bien des régions tropicales. Lorsque la guerre provoque un afflux de réfugiés, dans une région où l'eau potable est rare, une épidémie de Sighellose peut en quelques jours toucher des dizaines de milliers de gens. Ce fut le cas à Goma. Les médecins ont été complètement dépassés par le nombre de malades et la rapidité de la contagion. La dysenterie a fait des milliers de victimes.

Comment se protéger ?

La dysenterie bacillaire a pratiquement disparu d'Europe. Les sighelles se développent, en effet, de préférence, dans les corps affaiblis et souffrant de malnutrition. Pour nous, les risques sont donc minimes et les cas rarement mortels, à condition, bien sûr, de consulter très vite un médecin.

Lors de voyages dans les pays chauds et humides, la meilleure façon de se protéger reste une bonne hygiène : se laver souvent les mains, ne pas les porter à la bouche, éviter les fruits et les légumes crus, boire de l'eau minérale ou de l'eau bouillie.

Bien d'autres aventures attendent Ludo et Prune. Car les urgences auxquelles ils s'empressent de répondre se succèdent aux quatre coins de la planète. Ces histoires sont directement inspirées de missions réelles, telles qu'ont pu les vivre les volontaires de Médecins du Monde...

MÉDECINS DU MONDE

AIDER
SOIGNER
TÉMOIGNER

•

Qui sont les « Médecins du Monde » ?
Avant tout, des médecins, chirurgiens, infirmiers et sages-femmes en activité, qui travaillent bénévolement auprès des populations les plus démunies.

Mais d'autres catégories professionnelles participent aussi à l'action humanitaire : journalistes, juristes, pédagogues, architectes...

Chaque année, 400 volontaires partent sur le terrain, pour quelques semaines ou plusieurs mois.

•

En quoi consistent leurs missions ?
Aider, soigner, témoigner : telle est la devise des Médecins du Monde. Indépendante de tout gouvernement, l'Association intervient partout où la vie humaine est menacée, par la guerre, la maladie, la misère ou les catastrophes naturelles.

Mais elle ne limite pas son action aux missions d'urgence : des équipes se relaient sur une longue durée, pour former des médecins et des infirmiers dans les pays en difficulté, pour prévenir les maladies par des vaccinations, pour reconstruire des hôpitaux...

•

Combien de missions, depuis la création de Médecins du Monde ?

Mer de Chine, Afghanistan, Salvador, Tchad, Guatemala, Liban, Mali, Thaïlande, Somalie, Pologne, Chili, Éthiopie, Viêt-nam, Bosnie bien sûr... et beaucoup d'autres !

•

Les Médecins du Monde ne vont-ils qu'au bout du monde ?

Non : depuis 1986, l'Association développe beaucoup d'efforts en France. 26 dispensaires gratuits ont été ouverts, où des médecins bénévoles soignent gratuitement tous ceux qui n'ont plus droit à aucune protection sociale. A ce jour, plus de 300 000 consultations ont été données.

•

Que font les Médecins du Monde pour aider les enfants défavorisés ?

Plusieurs programmes spécifiques ont été lancés : la Chaîne de l'Espoir, pour opérer en France de jeunes malades qui ne peuvent être sauvés dans leur pays ; le parrainage, pour aider des enfants démunis à manger et poursuivre leurs études ; l'adoption et, enfin, l'assistance aux enfants des rues de Saigon...

•

Avec quels moyens financiers fonctionne l'Association ?

Essentiellement grâce aux dons de particuliers. Ces donateurs réguliers sont aujourd'hui 460 000.

IMPRIMÉ EN FRANCE PAR BRODARD ET TAUPIN
Usine de La Flèche, 72200.
Dépôt légal Imp : 6372 L-5 – Édit : 9279.
20-07-9394-01-6 – ISBN : 2-01-209394-9.
Loi n° 49-956 du 16 juillet 1949 sur les publications destinées à la jeunesse.
Dépôt : juin 1995.